餐桌上的臺灣史

歷經荷蘭、明清、日據到民國，
是什麼形塑了臺灣味？
你最熟悉的臺菜，
「道地」跟你想的不一樣。

鞭神老師（李廼澔）——著

通曉八大菜系起源、發表超過兩百篇歷史研究文章、
臉書「食之兵法：鞭神老師的料理研究」粉專版主

任性出版

目次

推薦序　在臺灣的飲食史裡大航海／馮忠恬　7

各界推薦　10

跨界聯合推薦　14

作者序　這些食材如何來，怎麼被運用？　15

前　言　最能代表臺灣的食物　19

第一章　古書裡的臺灣食物，原住民至今還保留　27

1　長濱文化與十三行遺址　28

2　臺灣最早食品紀錄，三國就有了　32

3　西漢傳入中國的蠶豆，如今是北港特產　41

4　部落裡的小米傳說　52

5　原住民飲食，為生存也為信仰　59

第二章　荷蘭人來了，蔬菜水果變多元　71

1 史上第一批移民潮，引進蔗作製糖　72
2 甘蔗一開始並非製糖，而是造酒　79
3 高麗菜，荷蘭人引入的　82
4 檨仔身世很複雜，荷、日、印、美都有份　94
5 法國人的愛情蘋果、臺灣夜市的柑仔蜜　99

第三章　明鄭時代，小吃落地生根　105

1 鄭成功最大政績，寓兵於農　106
2 天地會陳近南，啟動鹽業發展　112
3 南臺灣的家魚——什麼魚　118
4 蚵仔煎起源——鄭軍快斷糧了　126
5 土魠魚羹，先民的智慧　135

第四章　大清統治兩百年，哪些飲食在臺發光　141

1　澎湖海戰臺灣易主，薑母鴨的由來　142
2　二十五種蔬菜自對岸傳入　151
3　番薯怎麼來？老芋仔培育的　162
4　土豆不土，明代「落」臺成花生　169
5　花生粉，畫龍點睛的最佳調料　178
6　古書裡的臺灣野味　185
7　清初海鮮代表——烏魚和鱔魚　191
8　上億的烏金產業，日本人教的　200

第五章　日本殖民時代，好東西先往外送　207

1　第四政權登場，臺灣資本主義化　208

2 三大派系壟斷臺灣製糖產業 212
3 中國米、日本米、臺灣米 223
4 有沒有臺灣料理與臺菜？ 236

第六章 回歸中華民國，以麵代米 249

1 一紙宣言：臺澎歸還中華民國 250
2 麵留著自己吃，米出國賺外匯 254
3 不吃牛數百年，是誰打破傳統？ 266
4 臺灣牛肉麵紅到有論文 279
5 清湯牛肉湯的起源 287
6 油蔥酥、臺味魂，你愛哪一味？ 298

推薦序

在臺灣的飲食史裡大航海

資深飲食編輯、飲食內容顧問與策展人／馮忠恬

若歷史為海，需要一座燈塔，《餐桌上的臺灣史》便有光，指引著我們，照見來時路。

對比法國、義大利，甚至是親近的日本、韓國、泰國，臺灣的飲食史似乎短淺，大部分文章都會從日治時期開始談起。百年來，臺灣歷經日本政權、中國大江南北族群的遷徙、美國援助、全球飲食消費文化的洗禮，加上當代因婚姻關係移入的新住民，如同羊皮紙般層層書寫，每個新元素都覆寫在原來的基礎上。

常言臺灣飲食多混血，指的不僅是來自閩南、客家、原民、外省、新住民的族群混融，也包含跨國飲食的移入與流行，讓這塊島嶼總能小而美的兼容各類元素，也讓

「臺灣味」成了大哉問。

猶記得一位在大學教授飲食的朋友，有次問學生什麼是臺菜？學生回答，臺菜就像「異國料理」，不若壽司、義大利麵、部隊鍋來得親近。朋友聽得震驚，卻不得不承認這是新世代的生活。若干年之後，我輩所習慣的飲食，經過時間的淘洗，還剩下什麼？

《餐桌上的臺灣史》便很有企圖的往前追溯，如同考古般，一路從舊石器時代的長濱文化、古書裡的臺灣食物、荷蘭時代、明鄭時期、清朝、日治到國民政府遷臺，梳理歷史毛球的線頭。

在荷蘭人來臺前，臺灣為自給型經濟，荷蘭人帶來了貿易機會與多樣的植物品種，引進甘蔗、高麗菜等蔬果，替百年後的製糖產業與高麗菜鹹飯立下基礎。

近年餐飲圈火紅的「洲南鹽場」，製鹽之法是明鄭大將陳永華的政策，過往臺灣多取海水煎煮成鹽，或取有鹹味的植物，但以自漳州、泉州引進的鹽巴為大宗。明鄭的海禁政策，讓臺灣必得自行產鹽，遂發展出引鹵水日晒的天日晒鹽。

其他像是芒果、蚵仔煎、虱目魚、烏魚子、鱔魚意麵、牛肉麵……各色餐桌上的日常，皆非橫空出世，都有其脈絡。而我們每代人的責任，便是記錄當下所食所思，讓後代在談臺灣飲食時，知道一切所為何來。

我曾採訪過書末提及、國立高雄餐旅大學中餐廚藝系前院長楊昭景老師的臺菜十七味型，也協助臺北老字號餐廳「欣葉台菜」整理十二味型。在社群媒體的助陣下，現今可能是事物最被大量記錄的年代，但除了手機先吃的美照與消費短文外，我常思考，是否能有更多不被按讚數綁架、更具系統性及脈絡化的飲食內容？

對此，《餐桌上的臺灣史》定下了錨，我們每天都活在歷史裡，有意義的紀錄將成為給世世代代的禮物，讓臺灣人不再迷航。

各界推薦

要了解一個民族，只要看他們吃的食物，便能窺其一二。

臺灣有許多日本定食店，小菜都一定會有醃蘿蔔，是源於日本戰國時代「一汁一菜」（按：日本料理最簡單的組合，包括一碟醬菜、一碗飯及一碗湯）的傳統。當時戰亂頻繁、食物缺乏，多數人果腹的方式，就是麥飯、醬湯和一盤醃蘿蔔，後來日本定食逐漸形成「一汁三菜」的形式，醃蘿蔔也被保留下來。

臺灣知名小吃滷肉飯，也是因為早期農家不富裕、很少開葷，即使偶得一塊豬肉，一家子也為了如何均勻分配而煩煞人，最後索性切丁剁碎，熬為滷汁，淋在一家大小的碗上，這才平息了家庭紛爭。

本書是市面上少有對臺灣食物史進行探討的佳作，滋滋有味的背後，蘊含了這一塊土地上的生存智慧，史料出處扎實、雅俗皆能共賞。如果你也熱愛這塊土地，想知道我們到底怎麼走到今天，這一本書絕對可以幫助你，在吃每一頓飯之餘，還能「回味」無窮。推薦給每一位愛吃的臺灣人。

——Podcast 歷史頻道《李的歷史故事》主持人／李又宗

鞭神老師一如既往旁徵博引，從文獻史料、掌故傳說到統計數據；更將臺灣飲食史知識落實到日常生活，從如何挑選烏魚子，到清燙牛肉湯喝門道。

更重要的是，他在書中提出了有別於當前臺灣飲食史主流論述的史觀。食無定味，飲食史觀亦然。這是本書第二個啟發我的地方，僅次於鞭神老師透露他最喜歡的臺北牛肉麵店。

——飲食評論人／李承宇

身為鞭神老師《百年飯桌》、《尋食記》的讀者，看到《餐桌上的臺灣史》誕生，頓覺是水到渠成之作。新作展現宏大視野，跳脫了單一食材、菜色的「亂槍式」考古或經驗談，把我帶入了臺灣近兩千年的「舌尖史」進程，雖採史家筆法，卻因主題緊扣身邊常見的食材、食物與腳下土地，讀來讓人興致盎然，飯菜香中引人深思，不忍釋卷。

——《聯合報》「說食依舊」專欄作家／柯永輝

食物，其實是最庶民觀點的文化史。

每一個食材來自何方，每一個佐料的發明與遷移，每一個味道的發想組成和流傳，都有自己的故事。

每一次和鞭神老師聊天或讀他的書，總有一種在和活生生的史料對話的豐富感，以為是信手拈來，卻是他以學術研究的方法，多年鑽研史料研究的成果。

餐桌上的臺灣史，比我們想像中更豐富，臺灣之所以有今天飲食上的百花齊放，對於不同文化的包容性，才是這塊土地上源源不絕創造力的來源。

——愛飯團執行長／許心怡

翻開鞭神老師新書目錄，彷彿回到二十幾年前《認識臺灣》的國中歷史課，史前時代、荷蘭明鄭到清朝日治時期，這段軌跡清晰展現眼前。然而，細細閱讀內文後發現，當年那枯燥乏味的課本，在鞭神老師筆下竟變得如此生動有趣。以時間為經，飲食為緯，老師精心梳理每個重大歷史事件，讓人對臺灣飲食有深入理解，更讓學習歷史如品嘗美食般充滿樂趣。看到這本詳盡記錄臺灣飲食文化的書，我不禁感到欣喜，這是一本想了解臺灣和身為臺灣人都該讀的書。

——中華飲食文化基金會主任、《料理．台灣》雜誌總編輯／陳怡伶

跨界聯合推薦

資深美食記者／姚舜

飲食文化工作者／徐仲

產地作家／陳志東

國立成功大學歷史學系副教授、臺南市文化局長／謝仕淵

飲食生活作家、電臺主持人／韓良憶

作者序
這些食材如何來，怎麼被運用？

幾十年前，當全球化的議題開始延燒，人們所預想的未來，是一個不斷整合、同質性越來越高，傳統的政治、地理、經濟、文化邊界都消弭的世界。在這樣的浪潮下，不乏有人提出歷史已經終結，世界也被抹平的想法，甚至相信我們所吃的食物，有朝一日也會被完全標準化。

然而，也就在同一段時間，性別、種族、語言、族裔，以及各種傳統文化，卻在後結構主義與後殖民主義的大旗下，強調其獨立性以及平等。尊重多元文化，成了政客與公眾人物的政治正確。**我們所吃的食物非但沒有被全球化同質、吞沒，反而成了一種身分認同、文化符碼。**

以上兩者的結合，產生了一個全新的概念：全球在地化。

這樣的趨勢展現在臺灣「食」這件事上，便是臺灣的異國餐廳一方面不斷尋找和使用本土食材，另一方面又不斷強調自己的食材都來自該國；抑或是不斷強調臺菜的多元性，但在定義臺菜時，卻是「閩南、太閩南的」，充滿矛盾。

我在大學英文系教英美文學的課綱，不管在美國或是臺灣，大一都是從希臘羅馬神話開始，然後大二與大三上英國史與文學，大四最後上美國文學。臺灣和美國有一個相似之處，在大航海時代，外來的殖民者不但奪取了原住民的生存空間，還帶來了自己的文化，建立了新的政權。也因為這樣，美國成了文化的大熔爐，非但有原住民燒烤文化與英國燒烤結合而成的ＢＢＱ、西非黑奴調味與蘇格蘭人炸雞方式融合而成的美國南方炸雞、義大利沒有的肉丸義大利麵，和日本沒有的加州卷壽司。而在臺灣，飲食如同這樣的融合、發明與改造，則體現在明清時期的羹、麵線；**日據時代的關東煮、阿給；國民政府遷臺後的牛肉麵、沙茶火鍋、麻辣鍋等。**

二〇一七年，我為大是文化所出版的、旅居日本的明治大學比較文化學教授張競所著的《餐桌上的中國史》作序。不過更準確的說，我是為張競教授二〇一三年於日本出版的《中華料理の文化史》一書的繁體中譯本作序。也就是說，這一本書原本是寫給日本人看的中華飲食史。

六年後，我再度回到了大是文化，用一個青島人加高雄人的混血、與一群阿美族舞群朋友一起長大的視角，對臺灣的飲食史從漢人尚未來臺的時代開始探索，直到現代。與之前幾本書不同的是，除了我們現在常吃的餐點外，**這本《餐桌上的臺灣史》更著重追尋現在唾手可得的食材與物產如何來到臺灣，以及如何被運用的歷史。**

在三國時代沈瑩的《臨海水土志》中，出現關於臺灣最早的食品紀錄——生醃肉，製作方式與東南亞通過雲貴一帶、沿著長江流域出海傳到

殖民者帶給臺灣的飲食融合、發明與改造，體現在明清的羹、日據的關東煮，還有國民政府遷臺後的牛肉麵、沙茶火鍋、麻辣鍋。

日本的日本最古老壽司「鮒壽司」如出一轍。曾經為了保存食物而衍生出的食品，經過千年的演變，成了不同環境風土下不同國家的食物，在對現代食物的探源過程中，不時有著這樣的驚喜。

前言
最能代表臺灣的食物

臺灣最古老文化的代表，是臺東縣長濱鄉八仙洞遺址的長濱文化，也就是從這個時代開始，開啟本書對臺灣飲食與物產的歷史溯源。在這段從舊石器時代到近代，再到我們生活的現代的旅程中，最能代表臺灣的食物到底是什麼，自然有許多不同的認知和說法。不過，也許我們可以用這樣的角度來看，那就是：如果你的外國友人現在來到臺灣，他們對臺灣飲食印象最深，而且覺得非吃不可的臺灣食物有哪些？我想，小籠包、牛肉麵和滷肉飯絕對是排名前三。

對外國人來說，小籠包的名聲，比起滷肉飯或是牛肉麵響亮得多，這一切自然都始於鼎泰豐的崛起。已故美食家唐魯孫先生祖籍北平（按：今北京市之前身，是中華民國在兩岸分治前設置的十二個院轄市之一），對包子的要求甚高，來到臺灣後，總是感嘆吃不到好吃的包子，直到吃了當時剛從油行改成鼎泰豐前身的鼎泰堂小籠包，才終於覺得滿意。

小籠包為清代道光年間的江蘇常州府萬華茶樓首創，別稱小籠饅頭，是由北宋京城開封灌湯包發展而來。後來成為江南地區著名的傳統小吃。如果把鼎泰豐的小籠包，與現在其他江南地區小籠包店相比，雖然能找到皮更薄的店，但幾乎沒有哪家做得比鼎泰豐精緻：不管是百分百十八個摺子，還是清澈的湯汁。其實最大的不同在包子餡，鼎泰豐的餡肉比較清淡，甚至有人覺得比起江南的那些有些「乏味」。

記得鼎泰豐剛開始轉賣小籠包時，吃不慣江南包子的爺爺嘗了之後覺得，這根本不是真正的包子，山東人對麵食的自尊，讓他在家連做了好幾天「膠東大包子」。

小籠包原產江蘇，由臺灣鼎泰豐推向世界

美國有線電視新聞網（CNN）曾列舉了十件臺灣無人能及的事，其中一件就是

小籠包，CNN評論：「儘管小籠包的發源地是上海，不過臺灣卻在全世界小籠包界擁有一席之地。」**鼎泰豐把這一顆顆細皮嫩肉的小籠包推上了國際舞臺，成為臺灣的代名詞。**

鼎泰豐的前身是一九七二年開在臺北東門永康街商圈的一家賣油小店，當時鼎泰豐已經有了「品質品牌」的概念，「客人相信我們，才買我們的東西，自己不吃的，絕對不能賣給客人」，這是楊紀華從小聽到大的一句話，或許也就是鼎泰豐品牌文化的根。一九九五年，他從父親楊秉義手裡接棒，正式成為鼎泰豐的第二位掌門人。

鼎泰豐創辦人楊秉彝，祖籍山西，自己並不會做小籠包。二十一歲那年，他為避戰火而遠渡來臺，一開始只是一個小小的賣油郎，到一九七〇年代才放棄賣油，改賣小籠包、麵點及包子等。在兩夫妻的苦心經營下，慢慢打下鼎泰豐今日的基礎，而小籠包的大小、口味及製法，則是到了第二代掌門楊紀華才確立下來。

幾十年間，鼎泰豐走過了從創立品牌到蓬勃發展的輝煌歷程，先後在日本、美國、中國大陸、香港等地開設分店，一九九三年被美國《紐約時報》（*The New York Times*）評選為「世界十大美食餐廳之一」，讓小籠包這種中國民間小吃走向了世界。

一九九六年，日本高島屋百貨總公司想引進鼎泰豐到東京，於是派臺北事務所所長佐野功太郎來臺灣與楊紀華搏感情。一方面不時的找楊紀華聊天、打高爾夫；另一方面也幫他分析在日本開店的各種好處。當時楊紀華開了一個「讓日本員工來臺灣總店學習一年，通過考試就同意在日本開店」的條件，結果好學的日本人真的派了三個員工來臺從頭學起，最終，鼎泰豐第一家分店在日本東京成立。這是鼎泰豐跨出臺灣、走向國際的第一步，奠定日後成為全球品牌的基礎。

楊紀華也因為與日本合作，學習到豐田（Toyota）的精益管理，徹底將土法煉鋼的手工小籠包製作過程，以精確的步驟重新制定標準化與量化。

鼎泰豐的每樣餐點都有SOP（Standard Operation Procedure），即標準化作業程序，且每個環節都規定了標準「溫度」，比如炒菜或炒飯的油溫、粽子或雞湯加熱的溫度。每道菜出場送到客人餐桌前，外場人員也必須拿出筆型溫度計確認，比如元盅雞湯和酸辣湯的最佳溫度是八十五度，才不至於燙口，肉粽則必須提高到九十度，確保豬肉塊熟透。

蒸小籠包其中很重要的一環就是「倒籠」，但人工「倒籠」很容易出現差錯，無法保證最下面的籠屜和最上面的蒸汽一致，楊秉彝讓兒子楊紀華跟日本人研發蒸包機，將蒸汽誤差降到零，這也是鼎泰豐實現的第一個「標準化」。

二〇〇〇年十一月鼎泰豐設立中央廚房，保證每樣產品都有嚴格的出品標準，從服務業跨入製造業，深化產業鏈，踏出研發基地的第一步。以主打產品小籠包為例，堅持必須「五公克的皮，十六公克的餡，十八個摺，總重量要達二十一公克，入蒸籠四分鐘才可上桌」的標準，以及前廚工作檯上師傅包好的所有小籠包，重量只允許〇．二公克的差距，包前的材料和包後的成品都要測量。

遊子最渴望的臺灣味

另外兩種外國人必吃的小吃，就是牛肉麵與滷肉飯了。在中國大陸，不管是蘭州牛肉麵、湖北的襄陽牛肉麵，或是四川的內江牛肉麵，這些知名的牛肉麵都是當地人當早餐吃的餐點。**我曾經問過許多大陸友人，大陸的牛肉麵那麼多又好吃，為何你們來臺灣還是要吃牛肉麵？**口味不同是自然，但得到最多的回答則是：「因為不像臺灣，可以在一座城市裡，同時吃到那麼多不同口味的牛肉麵。」

的確，不管是在蘭州、襄陽、內江，就算是各店家的口味必然有所不同，但基本的調味和型態都相去不遠。而在臺北，口味要清燉、紅燒、沙茶、咖哩、番茄、麻辣，應有盡有，就算麵條的種類不如蘭州牛肉麵從寬度〇．一公分的「毛細」，到四公分的「皮帶寬」如此一應俱全，但要寬、要細、要家常手工麵條，都可以找到自己的愛，甚至有不少店家二十四小時營業。

另外一個外國人之所以來臺灣必吃牛肉麵的理由，在其「無所不見」性。正如到了重慶，幾乎每個街頭巷尾都可以見到賣小麵的店家，小麵自然成了重慶的名片；臺灣的牛肉麵亦然，在家附近、公司旁、學校周遭，總能看到一、兩間牛肉麵店，那就表示，它就是這塊土地雖不是每天、但也是生活中不可或缺的飲食。

同樣的道理，不管是中、北部用刀切碎肉後滷的滷肉飯，或是南部以肉末滷的肉燥飯，也和牛肉麵一樣，在每個巷口、市場、夜市或百貨公司美食街，向來自世界各國的人展示著它的獨特性與在地性。紅燒肉，這種以醬油以及其他輔料燉煮五花肉的菜品各地都有，卻唯有臺灣將肉切得如此小丁，如同炸醬麵中的炸醬一般。

「燒」，是北方人對於將油炸或煎炒過的食材，加高湯燉煮的烹調方式稱呼，但廣東人的「燒」指的則是「烤」，例如燒臘，他們管北方的燒為「炆」，而臺灣管這種烹調方式為「滷」，因此把切小丁的五花肉澆蓋於飯上，稱為滷肉飯。這種把一道菜品直接澆蓋在飯上，而不是以菜配飯的吃法，類似於日本在一九二三年關東大地震後開始普及的牛丼。

也許是在物資缺乏的年代，用剩下的滷肉，或是只能買得起的碎肉來紅燒，再淋在大碗的白飯上，透過少量的肉，已是最大的飽足。不知道這樣過了多少年，這碗飯也走進了大街小巷，和薑絲魚湯聯手，攻占一個又一個食客的胃，成了異鄉遊子回到臺灣這塊土地上時，最渴望的療癒食物。

滷肉飯是異鄉遊子回到臺灣這塊土地時，最渴望的療癒食物。

第一章

古書裡的臺灣食物，原住民至今還保留

1 長濱文化與十三行遺址

臺灣地區目前認為最古老的人類化石，是具有直立人特徵的澎湖原人，出現在距今十九萬年的更新世中期。那是一個從臺灣海峽澎湖水道海底打撈上來的人類下顎骨化石標本，研究人員認為，它與中國安徽和縣四十萬年前的直立人化石最為相似。

臺灣最古老的文化，則是由被譽為「臺灣地質第四紀之父」的林朝棨於一九六八年發現，臺灣大學考古人類學系教授宋文薰率領臺大考古隊進行發掘，時任中央研究院歷史語言研究所所長的李濟博士依發現地臺東縣長濱鄉八仙洞遺址，而命名的長濱文化。

屬於舊石器時代的長濱文化人，生活在幾十人的小團體裡，男人捕魚、打獵，女人和小孩採集野菜和果實，他們還不會農耕，必須到處遷移以尋找食物。當時的人所使用的工具非常簡單，只是把石塊打破，利用碎石片的銳利邊緣切肉、剖魚或刮削木頭。他們也會把獸骨削尖磨利，做成魚叉來捕魚，或利用骨針縫製皮衣。

到了距今約七千年至四千七百年前之間，一批擁有新石器時代文化的人，乘船來到臺灣。由於這群人落腳在現今新北市八里區埤頭里公田聚落的大坌坑遺址，因此被稱為「大坌坑文化人」，是**最早的南島語族，也是臺灣原住民的始祖**。

大坌坑文化時期的人過著定居的生活，已進入刀耕火種的游耕農業階段，但狩獵和採集生業（按：人類因應自然環境及天然資源而生存的各種活動）仍然占有重要比例。當時已經開始養狗，可能還栽種了芋頭之類的根莖類作物，並大量捕魚、採貝，廣泛利用海洋資源。他們還會種植苧麻，用紡輪將麻纖維紡成麻線，以水平背帶機織布，或打製樹皮布，用來製作衣服，也會製作陶容器，用草或籐編籃子與蓆子。

到了新石器時代中期（距今四千五百年到三千五百年前），大坌坑文化人的後裔逐漸散布到臺灣各地，考古學家稱為「繩紋紅陶時代」。繩紋紅陶人進入了高山地區，在河階地上耕作，種植的農作物以耐旱的粟及根莖類作物為主。到新石器時代晚期時，又有許多南島語族的移民，從不同的原居地渡海來到臺灣。

鐵器磁力「吸引」，飛官意外發現十三行

臺灣開始煉鐵及製造鐵器，是距今兩千年前，位於新北市八里區淡水河出海口交界處南岸的人。由於遺址所在地的頂罟村有個別名叫「十三行村」，於是命名為「十三行遺址」。

十三行遺址的發現，是在一九五五年秋天，空軍飛行員潘克永少校在飛越八里鄉觀音山上空時，發現飛機的羅盤出現了磁力異常的反應，當時以為是發現了鐵礦，才會影響到羅盤的運作。後來潘克永找上地質學家林朝棨，會同中美鑽探公司工程師黃瀛東到八里鄉頂罟村現場勘查，才知道在地面上到處可見的鐵塊與鐵渣，其實是土法煉鐵的遺跡。

考古學家認為，十三行人可能就是平埔族「凱達格蘭族」的祖先，他們用鐵矛頭、箭頭來打獵，用鐵製的鋤頭種田，用小刀切割，用鐮刀採收稻穀，也用鐵斧與鐵

鑿來砍樹、築屋與造船。不過，當時住在內陸及高山地區的史前居民，主要仍然使用石器。

鐵器時代的生業方式，與新石器時代並沒有太大區別，也是以種植稻米、粟及根莖類作物為主；狩獵、採集、捕魚與拾貝是最重要的輔助產業，豢養的動物有狗與雞，狩獵的動物以鹿和野豬為主。

下一篇章，讓我們從古書來認識千年前的臺灣。

2 臺灣最早食品紀錄，三國就有了

《論語・子罕第九》中有一段：「子欲居九夷。或曰：『陋，如之何！』子曰：「君子居之，何陋之有？」

意思是子罕說孔子想到一個偏遠地區去住，有人說：「那地方很落後，怎麼辦？」而孔子則說：「君子住在那，還有什麼落後的？」這句話後來便被《後漢書・東夷列傳》提到九夷時所引用：「王制云：『東方曰夷。』夷者，柢也，言仁而好生，萬物柢地而出。故天性柔順，易以道御，至有君子、不死之國焉。夷有九種，曰畎夷，于夷，方夷，黃夷，白夷，赤夷，玄夷，風夷，陽夷。故孔子欲居九夷也。」

《後漢書・東夷列傳》中所提到的東夷，由北而南，由西向東分別為夫餘國（今吉林省）、挹婁（今黑龍江依蘭縣至俄羅斯遠東區猶太自治州地區）、高句麗、東沃沮（今北韓咸鏡道）、濊（音同惠，今北韓咸鏡南道至南韓江原道）、三韓（現今韓國境內）、倭。其中提到倭時載道：「桓、靈間，倭國大亂，更相攻伐，歷年無主。有一女子名曰卑彌呼，年長不嫁，事鬼神道，能以妖惑眾，於是共立為王。……自女王國東度海千餘里至拘奴國，雖皆倭種，而不屬女王。自女王國南四千餘里至朱儒國，人長三四尺。」

這個卑彌呼，就是古代日本邪馬臺國的女王，「自女王國南四千餘里」的侏儒國，以秦漢時期的一里相當於現代的四百一十五公尺左右來算，《後漢書》中的四千餘里約為一千六百六十公里，接近於邪馬臺國畿內說（按：認為邪馬臺國位於畿內，即是現今關西境內）的到臺灣距離一千八百六十三公里，和九州說（按：認為邪馬臺國位於九州）的一千三百七十九公里，因此可以推測所說的侏儒國便是臺灣。

《後漢書．東夷列傳》還載道：「會稽海外有東鯷人，分為二十餘國。又有夷洲及澶洲。」但一千八百年後，連橫在《臺灣通史》中則是曰：「然則臺灣之為瀛洲、為東鯷，澎湖之為方壺，其說固有可信。」

兩本書對於夷洲及東鯷的說法不一，《後漢書》的寫法顯然是將東鯷與夷洲、澶洲分為不同的地區，所提到的會稽郡，轄境大致相當於現今的江蘇省南部、上海市西部、浙江省大部分地區，當時的福建地區只有建立於西元前八十五年，當時稱為冶縣的福州市，因此，浙江省東海水域的舟山群島，比較可能是東鯷人的居住地。

比較《後漢書》與《臺灣通史》，東鯷在《後漢書》中並非一個單一區域；至於瀛洲，《列子．湯問》篇中，有「渤海之東不知幾億萬里，有大壑焉，實惟無底之谷，其下無底，名曰歸墟。八紘九野之水，天漢之流，莫不注之，而無增無減焉。其中有五山焉：一曰岱輿，二曰員嶠，三曰方壺，四曰瀛洲，五曰蓬萊。」的記載，但渤海之東在北緯三十九度線左右，臺灣則是北緯二十三度線穿過臺南市區中心，因此《臺灣通史》中的瀛洲為臺灣說並不可能，但臺灣可能是東鯷中的一國。

臺灣最早的食品紀錄，三國時代就寫了

接下來我們看，三國時代吳國丹陽太守沈瑩所著的《臨海水土志》中，對於「夷

州」的描述：

夷州在臨海郡東南，去郡二千里。土地無霜雪，草木不死。四面是山，眾山夷所居。山頂有越王射的正白，乃是石也。

此夷各號為王，分劃土地，人民各自別異，人皆髡頭，穿耳，女人不穿耳。作室居，種荊為蕃鄣。土地饒沃，既生五穀，又多魚肉。舅姑子父，男女臥息共一大床。交會之時，各不相避。能作細布，亦作斑文布，刻畫其內有文章，以為飾好也。

其地亦出銅鐵，惟用鹿觡為矛以戰鬥爾。磨礪青石以作矢鏃刃斧，環貫珠璫。飲食不潔。取生魚肉雜貯大瓦器中，以鹽鹵之，歷月餘日乃啖食之，以為上肴。呼民人為「彌麟」。如有所召，取大空材，材十餘丈，以著中庭。又以大杵旁舂之，聞四五里如鼓。民人聞之，皆往馳赴會。飲食皆踞相對，鑿床作器如稀槽狀，以魚肉腥臊安中，十十五五共食之。以粟為酒，木槽貯之，用大竹筒長七寸許飲之。歌似犬嘷，以相娛樂。

得人頭，斫去腦，剝其面肉，留置骨，取犬毛染之以作鬢眉髮編，具齒以作口，自臨戰鬥時用之，如假面狀，此是夷王所服。戰，得頭，著首還。於中庭建一大材，高十餘丈，以所得頭差次掛之，歷年不下，彰示其功。又甲家有女，乙家有男，仍委父母，往就之居，與作夫妻，同牢而食。女以嫁皆缺去前上一齒。

當時吳國的臨海郡，所轄範圍相當於今天的浙江省象山港以南，以及天臺縣、縉雲縣、麗水市、龍泉市以東。臨海郡東南「去郡二千里」，也正是象山港到臺灣的距離與方向。這個「土地饒沃，既生五穀，又多魚肉」的地方的飲食，乃是「取生魚肉雜貯大瓦器中，以鹽鹵之，歷月餘日乃啖食之，以為上肴。」這便是臺灣最早的食品紀錄——生醃肉，臺灣原住民的代表食物之一。

籍貫福州連江的明代音韻學家陳第，於一六〇三年隨明代將領沈有容前往臺灣追擊倭寇，他將自一六〇三年十二月十日抵達臺灣，至十二月三十日離開的這二十多天經歷，寫成了全文一千四百餘字的**《東番記》**。**在這本書中，我們不但得以一窺當時臺灣原住民的生活，更可以了解當時臺灣的物產**。

當時臺灣「無水田，治畬種禾」，其中的「畬」有二意，讀ㄕㄜ時，是指用火燎原而後種植的耕作方式；讀ㄩ丶時，則是指開墾過兩年的田地。由於《東番記》中記載臺灣當時「無水田」，因此指的是前者，亦即刀耕火耨。而由接下來的「山花開則耕，禾熟拔其穗，粒米比中華稍長，且甘香」中則可看出，**當時臺灣雖已有稻作，但屬於旱作，而且品種與中國本土不同。**

而生醃肉，阿美族語稱為「習烙」（silaw），其原料不僅限於豬肉，在花東海岸，不管是魚肉、魚卵、魚腸、貝類等皆可醃製。在製作方式上，居於海岸的阿美族講究粗鹽醃漬，這樣的醃漬法所需時間較長，但成品不但散發著火腿的香氣，咬下去更是鹹香嫩彈，搭配生醃小米辣（按：臺灣稱為小米椒）更是一絕。泰雅族的生醃肉則稱為「的麼面」（tmmyan），與阿美族只使用粗鹽的作法不同，的麼面的醃料除了鹽之外，還添加了糯米，因此由於乳酸菌發酵的作用，味道帶著微酸。

《隋書》裡臺灣有鹽、有醋，還會釀酒

《隋書》也是能夠藉以了解臺灣早期物產的一本著作。唐代史學家令狐德棻於唐

高祖時，奏請重修梁、陳、北齊、北周及隋代正史，被採納後，從唐高祖武德五年（六二二年）開始，經長孫無忌、魏徵、房玄齡等多位飽學之士監修，於六三六年（貞觀十年）成書。

《隋書》之〈卷八十一列傳．第四十六東夷〉中所提到的臺灣，被稱為流求國，又稱琉求：「流求國，居海島之中，當建安郡東，水行五日而至。土多山洞。其王姓歡斯氏，名渴剌兜，不知其由來有國代數也。」

文中的建安郡，是六〇七年（隋煬帝大業三年），改原閩州之名而來，管轄閩（今福建省福州市）、建安、南安、龍溪等四縣，坐船的話五天可以抵達臺灣。後文提到的「以木槽中暴海水為鹽，木汁為酢，釀米麪（按：麵的異體字）為酒，其味甚

阿美族的生醃肉稱為「習烙」，豬肉、魚肉、魚卵、魚腸、貝類等皆可醃製。成品散發著火腿的香氣，咬下去更是鹹香嫩彈。

薄」，則顯示當時臺灣原住民的飲食中，不但已經有鹽、醋，更會以穀物釀酒。

在〈六十四列傳第二十九〉的〈陳稜〉中，則提到：「煬帝即位，授驃騎將軍。大業三年，拜武賁郎將。後三歲，與朝請大夫張鎮周發東陽兵萬餘人，自義安汎海，擊流求國，月餘而至。」這裡的義安，指的則是現在廣東省的潮州，亦即自潮州出海，花一個多月的時間便來到臺灣。在這段的結尾還提到：「初，稜將南方諸國人從軍，有崑崙人頗解其語，遣人慰諭之。」崑崙人是哪裡人？為何會「頗解」臺灣原住民語？

唐代人所指的崑崙，廣義來說，包括：林邑（今越南中部）、扶南（今泰國南部、寮國南部及越南東南部）、真臘（今柬埔寨）、驃國（今緬甸）、赤土（今馬來西亞吉打、吉蘭丹，以及泰國南部宋卡、北大年一帶）、狼牙修（今馬來半島東岸北大年以東和東北地區）、墮和羅（今天泰國北部佛統府一帶）、盤盤（今在馬來半島東岸，暹羅灣附近）、訶陵（今印尼中爪哇省的北部沿海一帶）、墮婆登（今印尼蘇門答臘島東岸外的巴塔姆島和巴東島）、室利佛逝（三佛齊）、婆利（今汶萊）、羅越國（今新加坡、馬來半島南部廖內群島）等國家。也就是大致為現今中南半島和南洋諸島的大部分地區。

崑崙除了是山脈名稱外，也指稱皮膚黑的人。《晉書・卷三二・后妃傳下・孝武文李太后傳》：「時后為宮人，在織坊中，形長而色黑，宮人皆謂之崑崙。」

當時的國際化大都市長安，有著來自世界各國的各色人種，還有著「崑崙奴、新羅婢、菩薩蠻」的說法。陳稜軍中所募之崑崙人，便是膚色黝黑的南島民族，由於與臺灣原住民皆屬於南島語系，故能「頗解其語」。

3 西漢傳入中國的蠶豆，如今是北港特產

在《隋書．流求國》中，提到了當時臺灣的動植物以及農耕方式：「有熊羆豺狼，尤多豬雞，無牛羊驢馬。厥田良沃，先以火燒而引水灌之。持一插，以石為刃，長尺余，闊數寸，而墾之。土宜稻、粱、床、黍、麻、豆、赤豆、胡豆、黑豆等，木有楓、栝、樟、松、楩、楠、杉、梓、竹、藤、果、藥，同於江表，風土氣候與嶺南相類。」

當時的臺灣多野獸，熊羆豺狼中的羆，音「ㄆㄧˋ」，指棕熊；豺指的是分布於東亞、南亞以及中亞的犬科動物。另外也已經有家畜類的豬和雞了，不過沒有牛、羊、驢、馬。

而文中提到多種農作物，包括：稻是在前文已提到《東番記》中，「粒米比中華稍長，且甘香」的稻米；粱為粟，也就是小米；床音同迷，或寫成「糜」，指的是不黏的米，亦稱「穄」（音同記），《說文解字》解釋道：「穄，糜也。似黍而不黏者。」黍則是黃米，以現在的分類來看，有被稱為「粳性黍」、非糯質、不黏的硬黃米，和糯質、性黏的「糯性黍」，又稱為大黃米或軟黃米，磨米去皮後則稱為黃粱，現今多半做成粥、粽子、涼糕、珍珠丸子等菜餚。

消水腫的赤小豆，一千五百年前就在種

豆類也是當時已出現在臺灣的植物，且種類不少，有些一直沿續至今，被廣泛食用。其中赤豆又名赤小豆，是紅豆的近親，體型較為細長，又名紅飯豆、飯豆、蛋白豆、赤山豆。英文為 rice bean，學名 *Vigna umbellata*，原產於中南半島，在泰國與其周遭地區被馴化成可以農業種植，主要分布範圍為印度、華中，以及中南半島。

赤小豆與紅豆的外表十分相似，性質和營養成分也接近，不過由於赤小豆的功

效更強一些，所以中醫入藥多用赤小豆。《神農本草經》曰：「主下水，排癰腫膿血。」有藥王之稱的唐代醫學家孫思邈所著之《備急千金要方》〈穀米第四〉中則載：「赤小豆：味甘、鹹，平，冷，無毒。下水腫，排膿血。一名赤豆。不可久服，令人枯燥。」

而曾師從孫思邈，十分重視醫方收集和飲食療法的孟詵（按：音同深），則在最早的飲食療法專著《食療本草》中，介紹了一道赤小豆與鯉魚共煮的菜品：「和鯉魚爛煮食之，甚治腳氣及大腹水腫；散氣，去關節煩熱，令人心孔開，止小便數；綠赤者，並可食。暴利後氣滿不能食，煮一頓服之。」

這道赤小豆鯉魚湯的作法，是將赤小豆洗淨後

紅豆和薏仁經常一起煮成消水腫、健脾胃的甜湯，但其實赤小豆的消水腫效果比紅豆更好，搭配枸杞、紅棗、冰糖，藥性更溫和。

浸泡，以熱油煎鯉魚和薑片，然後加入沸水，再放入浸泡好的赤小豆、蒜頭、陳皮，大火煮二十分鐘後，轉小火煲一個半小時，再加鹽調味即可食用。

臺灣人很少把赤小豆煮成鹹食，倒是常將赤小豆和薏仁一起煮成消水腫、健脾胃的甜湯。赤小豆水的消水腫效果，要比紅豆水更好，不過，由於紅豆性溫，而赤小豆性寒，因此可以搭配溫補的枸杞、紅棗、冰糖等一起煮赤小豆水，藥性更溫和。

西漢時期來的蠶豆，如今是北港特產

《隋書．流求國》中記載的胡豆，現在普遍稱之蠶豆，英文為broad bean或fava bean，是最早被人類種植和食用的古老農作物之一。科學家運用放射性碳定年法，測定在以色列下加利利（HaGalil HaTa ton）三個新石器時代遺址中，所發現的燒焦的蠶豆，讓他們相信，在西元前一萬零兩百年前，人類就已經開始種植蠶豆了。

蠶豆在地中海沿岸、歐洲、亞洲，已有上千年的種植歷史，在哥倫布（Cristoforo Colombo）發現美洲大陸前，歐洲、近東和北非的人說到豆子，指的就是蠶豆。著有

《植物志》（*Historia Plantarum*）以及《植物之生成》（*De Causis Plantarum*）的古希臘哲學及植物學家泰奧弗拉斯托斯（Theophrastus），就在其著作中鉅細靡遺的介紹蠶豆的栽培。

蠶豆之所以有胡豆之名，是由於它在西漢時期張騫出使西域時傳入中國，之後再傳入亞洲各地。至於中文名稱蠶豆的由來，則有兩種說法，一是元代農學家王禎在《農書》中的「蠶時始熟，故名」；另一個是明代醫學家李時珍在《食物本草》中的「豆莢狀如老蠶，故名」。「蠶時始熟」一語，道出春末夏初是吃鮮蠶豆的季節，三、四月正是養蠶時節，立夏過後，蠶農們就用船將蠶繭運到繭行，故有「立夏三朝開蠶黨」之諺，而江南俗諺「立夏見三鮮」，三鮮之一即為蠶豆。

與尤袤、范成大、陸游合稱南宋「中興四大詩人」的楊萬里，在〈招陳益之、李兼濟二主管小酌。益之指蠶豆云未有賦者戲作七言蓋豌豆也吳人謂之蠶豆〉一詩中，首先出現了蠶豆這個名詞：「翠莢中排淺碧珠，甘欺崖蜜軟欺酥。沙瓶新熟西湖水，漆櫑分嘗曉露腴。味與櫻梅三益友，名因蠶繭一絲約。老夫稼圃方雙學，譜入詩中當稼書。」

蠶豆在臺灣是雲林北港的特產，與麻油和花生齊名，光是媽祖廟前，賣麻油、花生、蠶豆的店家就有二十多家。

雲林曾經大量種植蠶豆，加上製作油炸蠶豆需要使用大量的油，油炸業興盛的北港便成了蠶豆的集散中心，慢慢演變而成地方特產。做成零嘴的蠶豆分為硬殼和破殼兩種，破殼是透過高溫油炸，炸開外殼後便可食用；而硬殼蠶豆是直接炒熟，口感較硬、耐嚼，但豆味較為芳香。

不過由於生產成本過高，自一九九〇年左右漸漸被澳洲進口蠶豆所取代，到現在臺灣的蠶豆已經全為進口，又分為三種：外型小，果肉相對較少，價格最便宜的大陸豆；口感硬的埃及豆；個頭比臺灣土產的更大，果肉飽實的澳洲豆等，現今北港油炸蠶豆都以澳洲進口的蠶豆製作了。

蠶豆是雲林北港的特產，與麻油和花生齊名，透過高溫油炸炸開外殼的蠶豆酥，很適合下酒。

黃麻做成的麻薏湯，每個臺中奶奶都有獨家食譜

臺灣種植的麻主要是苧麻與黃麻，苧麻為蕁麻科苧麻屬，英文名 Ramie，由於苧麻的葉和小枝上會生長濃密的細毛，葉背也有白色絨毛，所以又有「裡白苧麻」這個俗名。

苧麻的經濟價值很高，其種子含油，可以榨油食用；葉子的蛋白質含量高，可當飼料；根部含有「苧麻酸」的藥用成分，有補陰、安胎、治產前產後心煩，以及治疗瘡等作用。纖維則為臺灣原住民紡織衣料的主要來源，泰雅族人常用來織布、編織背帶、繩索。苧麻的纖維長、不透明，又有美麗似絹的光澤，不易蟲害，韌度強，而且顏色白容易染色，是最優質的染織物。

中國歷史記載，早在戰國時代即有栽植苧麻，可能是於明代末年傳入臺灣，到清代時，臺灣的苧麻織品已經「全部」輸出到中國大陸。明清以來，官方即積極獎勵渡臺移民栽種，因此清末時期多輸入內陸加工織成布，再輸入本島。日據時甚至輸入日本，宜蘭、臺北、新竹、臺中、臺南、屏東等山區曾大量種植，亦曾於新竹及臺中烏

日設置苧麻紡織工廠生產優良之品質。

・黃麻

可分為圓果種（Corchorus capsularis）與長果種（Corchorus olitorius）。圓果種黃麻英文為White jute，原產地為中國，現在在孟加拉和印度亦有種植。長果種又名長蒴黃麻，英文為Tossa jute，其起源地可能在非洲或亞洲，也有專家認為是在印度與緬甸一帶。長蒴黃麻又名猶太錦葵（Jew's mallow）、灌木秋葵（Bush okra）、黃麻錦葵（Jute mallow）等別名。

之所以被稱為猶太錦葵，是因為它被認為是聖經〈約伯書〉中的mallow。也由於這個原因，它一直以來都是猶太裔埃及人的傳統食物。其多黏液的葉子和嫩莖吃起來類似秋葵，自中古時代開始，包括敘利亞、黎巴嫩、約旦、巴勒斯坦、埃及、突尼西亞與阿爾及利亞這些阿拉伯國家，就會將長蒴黃麻做成一道名為Mulukhiyah（又名molokhia或molohiya）的厚重而黏稠的湯品。作法有像是敘利亞將之以油與大蒜、香菜煸炒的方式，也有和埃及那樣將其做為湯品或燉菜的作法。傳統的Mulukhiyah

會和雞肉一起燉，並搭配米飯與萊姆食用。

早在十四世紀的埃及食譜書《貴重的發現物的益處以及餐桌上的多樣性》（*Kanz al-Fawa'id fi Tanwi' al-Mawa'id*）中，就已經介紹了它的烹調方式。根據埃及歷史學家阿爾・馬克里茲（Al-Maqrizi）的說法，這是建立了奧瑪雅王朝（《舊唐書》中稱之為白衣大食）的哈里發穆阿維亞・本・阿布・蘇富揚（Muawiyah bin Abi-Sufyan）最喜愛的一道菜。除此之外，這道菜更是與埃及蠶豆餐（ful medames）、庫莎麗（kushari）並列為埃及國菜。在菲律賓，長蒴黃麻則與紅蔥、番茄和大蒜一起炒，名為 Ginisang Saluyot。

黃麻於一六〇〇年代由荷蘭人引進臺灣種植。早期臺灣紡織業發達，為了製造麻布、麻繩等用品，在適合栽種黃麻的中部鼓勵種植。二十世紀初，臺灣總督府籌劃設立以黃麻為原料生產麻布袋，邀集林獻堂等本地仕紳在一九〇五年於臺中創辦臺灣製麻會社，生產盛裝稻米與砂糖的黃麻布袋，為臺灣史上第一家以機器生產的紡織工廠。一九一二年為擴大產能改組為臺灣製麻株式會社，引進安田財閥入股並添購新設備。在原料的供應上，原先工廠計畫運用本地的黃麻進行生產，但農民對種植黃麻的意願低落，而選擇收益較高的稻米。工廠在本地原料供不應求下，轉從印度進口黃麻原料。雖然黃麻因為經濟作用退場了，但在地仍保留了「麻薏」這個獨特的飲食文化。麻薏又稱麻芛（芛音同偉），是黃麻的嫩芽。由於黃麻是主要集中栽種在臺中南屯的經濟作物，在彰化以南、豐原以北少有栽種。每年約春天三月播種，發育定植後約一個月就可開始採收，可連續採收到八、九月，因此成了臺中夏日限定的在地美食。

在臺灣，黃麻的食用方式也同樣是將葉子與嫩莖去皮後，炒或煮成綠色濃稠帶點黏性的湯，還加上地瓜和吻仔魚食用，稱為麻薏湯。

麻薏湯略帶苦味，既營養豐富，又兼具良好的退火效果，讓每個臺中奶奶幾乎都有一套屬於自己的麻薏食譜。有加入小魚乾和地瓜的，有加入秋葵的，有勾芡的也有

臺灣早期以黃麻為原料生產麻布袋，用來包裝稻米與砂糖，勤儉的臺灣人民便廢物利用，將麻布袋製成衣服來穿。

煮清湯的，冷喝熱喝皆可。製作麻薏湯的基本工序，要先手工去梗、挑葉、搓揉，去除黏液及沖洗苦汁後，加入小魚乾、地瓜然後再勾芡。

除了經典的麻薏湯外，麻薏還有沾麵糊烘乾後研磨成細粉，加入到麵粉中製成糕點等作法。此外，在臺中南屯還衍生出了麻薏奶茶、麻薏冰淇淋等打破傳統的麻薏創意食品。

• 紅麻

紅麻因其植株為紅骨紅果，也就是莖和果實皆為紅色，而得其名，其正式中文名稱為紅蓖麻，學名 *Ricinus communis*，是蓖麻的一種，原產於非洲，臺灣於一六四五年荷蘭人占臺時便已引進種植。蓖麻因橢圓形的種子形狀像牛蜱（牛蜱臺語叫牛蜱），所以稱之為蓖麻。早期臺灣栽種蓖麻，是因為種子可用來榨取富含三酸甘油酯的蓖麻油，蓖麻油是一種緩瀉劑，屬於刺激性瀉藥，透過刺激腸壁，加強腸道蠕動促進排便。

4 部落裡的小米傳說

由南宋泉州市舶司提舉趙汝适（音同刮）於一二二五年（寶慶元年）所著成之《諸蕃志》，分為上下卷，卷上志國，卷下志物。《諸蕃志卷上》對〈流求國〉的生活描述為：「曝海水為鹽，釀米麴為酒。遇異味，先進尊者。肉有熊、羆、豺、狼，尤多豬、雞；無牛、羊、驢、馬。厥土沃壤；先用火燒，然後引水灌注，持鍤僅數寸而墾之。」

其記載基本上與《隋書．流求國》所描述的無異，可見從隋代到南宋，臺灣的物產與農耕方式並無改變。後文提到：「無他奇貨，尤好剽掠，故商賈不通。土人間以所產黃蠟、土金、犛尾、豹脯往售於三嶼。」其中的三嶼是現在的菲律賓群島，包括加麻延、巴姥酉、巴吉弄三處，一說指現今的卡拉棉（Calamian）、巴拉望（Palawan）、布桑加（Busuanga）等島，顯見當時原住民已經與菲律賓有貿易往來。

原住民族的小米文化

從古籍中多次提到「以粟為酒、木汁為酢、釀米麴為酒」可以確定，在臺灣這片土地上，小米是歷史非常悠久的糧食作物。東吳大學的鹿憶鹿教授在〈從小米神話傳說探討臺灣原住民文化〉一文中，以已故的臺灣人類學家、中央研究院院士陳奇祿，對於臺灣各原住民族對小米的重視，來推定其移入年代，認為在西元前兩千年至西元前一千年，臺灣和大陸間有頻繁的民族和文化接觸，西元前兩千年正是中國的夏商周三代。陳院士指出：「『三代的農業是山坡地的『刀耕火種』農業，主要的農作物是稷、黍、粱、粟之屬。在三代的時候，中國民族不斷南遷。這一民族移動也將粟黍和陸稻的耕作帶入於臺灣。」

鹿憶鹿教授又舉，曾任中央研究院副院長的已故張光直院士也有類似分析，認為原住民小米種植可視為是「龍山形成期」（按：為西元前兩千年至五世紀，相當於中國的夏商周三代）一個地區文化的發展，其文化向南穿過杭州灣（按：錢塘江的河口灣，現今浙江省和上海市之間），到河姆渡（按：現今浙江省餘姚市境內）的領域，及更南到東南海岸，之後形成福建的曇石山與溪頭文化（按：現今福建省閩侯縣境內），和臺灣的鳳鼻頭文化（按：位於現今高雄市林園區）。

小米在臺灣原住民族裡，各有不同的起源傳說，但每一族從種植到收成，都同樣懷抱崇敬及感恩的心。

此外，二〇一五年，中研院歷史語文研究所特聘研究員臧振華教授所領導的南科考古隊，在年代範圍距今三百年到五千年前之間，涵蓋了大坌坑、大湖、西拉雅等十個考古學文化期的南科遺址，發現了臺灣考古史上第一次上萬粒的碳化小米出土。當時團隊成員表示，小米是北方作物，之所以會來到熱帶地區的臺灣南部，有科學家認為是與北方貿易而來，也有推測是從中國華南地區帶過來。

小米在臺灣的原住民族裡，各有不同的起源傳說，相同的是，每一族從種植到收成，都懷抱崇敬及感恩的心。

• 泰雅族：這是祖靈的心意

在泰雅族，相傳三、四百年前一個叫做「翁」的部落裡，頭目夢見祖靈向他託夢說：「祖靈會派遣一隻小鳥到你們部落裡，鳥兒的嘴裡會叼一株種子，你們取下牠口中叼的種子後，請牠喝水，然後將種子撒在你們的田裡，幾個月後就可以取來食用。」之後頭目家門前果真飛來一隻鳥，於是他依夢中祖靈的指示一步步照著做。

過了數個月後，撒下的種子長大結穗成熟，頭目為了感謝祖靈，便命名為「你把我們放在心上」，並取前面兩個字音稱呼這農作物做「小米」（泰雅語 Trakis）。後來，頭目又夢見祖靈託夢，教導釀製小米酒的方法，往後部落每年收割後，都會將部分小米釀成小米酒來獻祭，以紀念祖靈，並衍生為「小米祭」。

・阿美族：不能觸怒小米精靈

阿美族語稱小米為 Tipos，傳說是阿美族的祖先在建立部落時，有一從天下凡的貴人帶來的，在此之前，阿美族人僅有葫蘆、南瓜之類的食物。

在阿美人眼中，小米具有人性，有靈眼、靈耳和靈覺，為了避免觸怒小米精靈，要遵守的禁忌也特別多，否則一不小心就會招來災禍。例如播種時須舉行播種祭，播種前一日不可碰觸魚類、不可食蔬菜，不然小米會生長不良；收割時即使天氣再熱也不可以喝水，搬運時千萬不可以嫌棄太重，否則小米精靈會不高興逃走不見。

昔日阿美族人耕種小米以一年為一週期，從整地至收割入倉的過程，有種種祭禮，包括：播種前十天的狩獵祭，部落男子要集體打獵，預祝豐收；播種前夕的準備祭，各家要將家裡的魚類全部吃光，裝魚的器皿清洗乾淨，以免與小米精靈相剋；播種時的播種祭，祈求小米神使風調雨順；晒乾的小米初次入倉的入倉祭。此外還有不定期舉行的除草祭、驅蟲祭、乞晴祭等，等到小米入倉作業完畢之後，部落才舉行綜合性的祭儀活動，這儀式叫做感恩祭，也就是今日所謂的豐年祭。

• 布農族：以月亮圓缺作為耕種依據

布農人傳統的年月觀念，是依著小米成長而劃分的。傳說很久很久以前，天上有兩個太陽，所以沒有白天和黑夜的區別，許多嬰兒被活活晒死，於是有對父子翻山越嶺的要去找太陽報仇。後來其中一個太陽答應變成月亮，還給了他們雞和小米的種子，指示雞用來報時，小米用來祭祀，從此以後，布農族人便以月亮帶來的小米播種，以月亮的圓缺作為耕種和舉行祭祀的依據。

布農人栽種小米有兩大忌諱的動物，一是蛇，因為他們深信，如果在前往耕地的途中遇到蛇，會因為蛇身滑溜，讓當年的小米被溜掉而歉收；另一是老鼠，表示將來收成的小米會被其他動物吃掉，或是被害蟲侵蝕。一旦路上遇到蛇或鼠，表示眾神不祝福這塊耕地，必須停工三天，或是放棄原本的耕地，另覓他處。

• 鄒族：象徵氏族的凝聚力量

鄒族的一年，開始於小米的播種，終於小米的收成，可以說最重要的生活祭儀，都是圍繞著小米的生長而開展。在這些與小米有關的祭儀中，又以小米收穫祭最為重要，這是每年七、八月間小米成熟時節所舉行的粟作祭儀，也是鄒族人的過年，主要祭祀掌管小米生長的粟女神，感謝她對農作的照顧，並藉著祭典強化家族的凝聚力。

在小米收穫祭開始進行的前幾天，各家族就要分別準備儀式所需之米、酒、豬肉等祭品，並分配工作，也會開始潔淨房舍，並用艾草清洗祭儀使用的器物。整個收穫祭期間，每個人也必須禁食魚肉、蕃薯、薑、蒜、鹽等食物，到祭儀前一天晚上，長老們便聚集在一起守候粟女神的降臨。

天將明時，長老會到小米田收一些小米回來，向粟女神報告今年的收成情形，感謝粟女神的賜福與照顧；祭祀完成後，眾人便一同享用飲食，至此整個儀式算是告一段落，接下來便開始氏族之間的互訪。到今日，小米收穫祭的某些儀式已逐漸簡化，但家族共享食物仍持續，因為這象徵著氏族及部落的凝聚力量。

5 原住民飲食，為生存也為信仰

三國時代的《臨海水土志》提到當時臺灣人民：「取生魚肉雜貯大瓦器中，以鹽鹵之，歷月餘日乃啖食之，以為上肴。」這段紀錄描寫的即是生醃肉，這項原住民食物在阿美族、泰雅族、排灣族有不同的名字及作法，也有各自的文化特色。

生醃肉——阿美、排灣用豬肉，泰雅用苦花魚

阿美族稱生醃肉為習烙，是我最常吃的阿美族食品，也是最熟悉的原住民菜。習烙的原料很單純，只用粗鹽醃，味道直爽，光聞其味有著如同金華火腿般的香氣，因

此阿美族人多半邊嚼邊配小米辣椒，也會燉湯，或切片和野菜一起炒，再配著小米酒一起喝。

排灣族的醃生豬肉叫做「發冷」（Valeng），和習烙一樣，都是將生豬肉加鹽密封醃製，而專屬排灣族的特色是會再添加芋頭粉。先將五花肉抹上鹽巴，再抹上芋頭乾粉後，將醃肉裝進甕中，放置三至七天，自然發酵產生酸味、臭味後，就是真正的排灣醃肉。這個作法讓我想到湖南湘西地區少數民族的菜餚「湘西酸肉」，也是用同樣的方式醃製，只不過用的粉是辣椒粉。

生醃肉到了泰雅族稱為的麼面，在〈「吶瑪麵」～泰雅醃肉的科學〉一文中，詳細介紹了得馬面的製作方式：

> 以未完全煮熟的小米夾於肉層，置於容器內使其發酵。醃肉成品帶有濃郁的酸腐味……醃製的材料主要以生的肉類為主，而配方大致是用白米飯，或俗稱的小米，跟鹽巴和在一起，而白米或小米，大多是煮成半熟的狀態才不至於變的（得）太爛。一、首先將肉類以鹽醃漬一個晚上，也可以石頭壓緊，讓肉類脫水。二、將煮成

半熟（全熟亦可）的白米或小米、糯米晾乾之後，與大量的鹽巴將生肉一起醃製。三、醃製時，先在最底層鋪上的醃製材料，再整齊的放置一層新鮮的肉類，逐層依順序擺放。最上一層肉類完成時，再以編織好的芒草葉鋪蓋在上面緊密的封閉。四、在常溫下放置至少十天左右，冬天則會醃製時間比較久。以往製作醃肉多將生肉放在陶甕內，現在也有放在塑膠容器裡醃製，如果要發酵口味酸一點，可以醃久一點。

除了醃豬肉，泰雅族也常醃魚（qulih tmmyan），和偶爾用山羌、飛鼠等野味來製作醃肉。醃魚會使用族人認為最珍貴好吃的苦花魚，因為苦花會隨著水溫變化、覓食或產卵等因素，在河流的上下游之間遷移洄游，也就是說苦花魚多的地方，就表示河流水質潔淨，族人可以以此判斷是

在泰雅族，豬肉、山羌、飛鼠、苦花魚都能做成小米醃肉，是家常及宴客美食，也是祭典中不可或缺的重要祭品。

否為適合遷居的水源地，因此視苦花為珍品。

竹筒飯——上山打獵時的便當

泰雅族的居住環境盛產桂竹，因此誕生了將桂竹鋸成一節一節，內塞糯米蒸熟或煮熟的竹筒飯。以前獵人要上山打獵時，因為沒有像現代便當一樣的容器，又不可能帶太多炊具，因此想出用竹筒來當鍋子，裝飯烤成食物的方法，從而誕生了方便攜帶食用的竹筒飯。

竹筒飯所使用的竹子，以一年生的最適合，直徑大約三至四公分，長度則約二十五公分。包覆竹筒開口處的葉子，傳統上常用香蕉葉或月桃葉，葉子須先清洗過，再用熱水汆燙，最後再剪成剛好可以覆蓋住開口的適合大小。

竹筒飯也是鄒族相當具代表的傳統美食，與泰雅族的竹筒飯一樣，所使用的竹子也必須是桂竹。製作方式大同小異，也是將糯米泡水三小時以上再裝入竹筒，最大的差別在於，鄒族人是以高麗菜、山蘇或龍鬚菜葉塞住，再以相思木烤製。

什麼都能包的原住民粽子

阿美族的阿里澎澎（或稱阿里鳳鳳）、阿拜；泰雅族的思模；賽夏族的笛拉木；排灣族的奇拿富、初露克……都是用葉子包米煮熟，類似漢人粽子的食物，各族的吃法之間略有細微變化。

「阿里澎澎」是用去除尖刺的林投葉，編織如魚籃狀，再裝七分滿的糯米、魚肉、豬肉煮熟，是以前社會阿美族婦女為出外打獵的丈夫所製的便當。「阿拜」是以小米為主要原料，配料的肉類則更多元，天上飛的、海裡游的，不管是蝸牛還是蜂蛹，皆可包入，先用假酸漿葉包覆，再以月桃葉包第二層，綑綁成長條形，狀似湖州粽，假酸漿葉可以一起食用。這個料理方式，魯凱族與卑南族同樣也會製作。

泰雅族人會利用香蕉與蕉葉入菜，其香蕉粽或香蕉糕稱為「思模」，作法是將熟軟的香蕉揉爛，再與泡軟的糯米混勻，用香蕉葉包成長形，放入蒸籠中蒸煮大約兩個小時。

賽夏族的「笛拉木」可說是無料版的阿里澎澎，內容物只有米，因此顏色潔白，會先煎或烤過，再搭配醃豬肉或鹹魚食用。

排灣族的這類傳統食物更多元，有和阿美族阿拜一樣的「奇拿富」，也是將穀物混合配料一起包在假酸漿葉片裡煮熟，只不過阿拜會將米粒磨碎，而奇拿富則是以整粒糯米或小米製成。將小米或高粱打成麻糬狀後包入調味過的豬肉餡，再用香蕉葉包好煮熟，便稱為「金伯樂」；改用糯米麻糬包入花生、芝麻或是蔥花碎肉，則變成「初露克」；若是不用穀物，而是把香蕉、地瓜、芋頭等搗成泥，再放入豬肉、以香蕉葉包捲，就是「笛奴固」，而笛奴固的原意即是「搗碎的食物」。

因信仰而誕生的各族獨特飲食

原住民的生存環境相似，會衍生出相近的飲食方式，但各族也因傳統及信仰的不同，而有獨特的料理型態。

• 阿美十心菜

自喻為「吃草的民族」的阿美族便有著豐富的野菜文化，其中最具代表性的是「十心菜」。十心菜的「心」，指的是植物的嫩莖，之所以只吃嫩莖不吃葉，是因為阿美族人相信其信奉的海神忌諱綠色葉菜。

十心菜包括了黃藤心、林投心、檳榔心、芒草心、月桃心、甘蔗心、椰子心等，其中最普遍的是檳榔心，是檳榔樹最上端翠綠色、被葉鞘包住的嫩莖，因為口感、外觀和筍子很像，也稱為半天筍。檳榔心多與排骨一起燉湯，也常替代筍與肉絲拌炒。以往在市場中不常見檳榔心，因為必須將整棵檳榔樹砍掉才能取得，通常是樹齡超過二十年，或是過於早熟或晚熟的檳榔，才會被砍掉當作半天筍的來源。近年為了做好水土保持，許多檳榔樹都被砍掉進行造林工作，才讓這個食材變得越來越常見。

阿美族還有一道勇士湯，是將蛋白質含量甚高的樹豆和山豬骨熬成湯，給準備出發打獵的勇士享用，傳說吃了之後會有神奇的力量。樹豆原產於印度，被稱做「窮人的肉」，現在在印度和許多南亞國家仍是很重要的作物，在臺灣除了阿美族外，亦常見泰雅族、排灣族、布農族和魯凱族的部落裡，是原住民的三大主食之一。

• 卑南酸辣湯

生醃肉是各民族都會做、很普遍的料理方式，但卑南族不只醃肉，也醃植物，並且有一道以發酵後野生小番茄和筍製成的湯，稱為binaleng，其味又酸又辣，是盛夏時部落的消暑聖品。

卑南部落的田邊及後山，每到夏天就會遍處生長野生小番茄、麻竹筍，秋初則生長刺竹、及沒有刺的竹筍，根據臺灣大學人類學博士林志興所做的「原住民族文化科學教學主題——binaleng：卑南族酸辣湯」中所載，族人多半使用刺竹筍，煮熟後和鹽裝罐先醃漬兩日，再倒入煮開的辣椒水淹沒竹筍，封罐約一週即可享用，鹽、辣椒水混和後的化學變化，會出現酸、辣、鹹等滋味，故戲稱為「卑南族酸辣湯」。

• 排灣芋頭乾

排灣族的分布範圍有許多野生山芋，因此山芋自然成了排灣族常見的菜餚，將芋頭烘製成芋頭乾，是古代排灣族人必備的糧食，烤乾了的芋頭因為重量減輕，不但易於攜帶，也方便儲藏，因此去狩獵的人也會隨身攜帶作為餐食。

傳統烤法必須烤上一天一夜，吃的時候再水煮，搭配肉類和野菜，也可以炒成山地飯。而把豬血、肉末、芋頭粉加鹽調味，灌入豬腸所製成的芋頭粉豬血肉腸，更是排灣族和魯凱族的珍饈。

• 達悟飛魚

達悟族又稱雅美族，由於分布在外島蘭嶼，因此是唯一一個以海產為飲食特色的臺灣原住民族，捕捉飛魚正是蘭嶼達悟族傳統文化的核心。每年春季，飛魚族群會隨著黑潮來到蘭嶼附近海域，此時蘭嶼人會舉行招來飛魚的招魚祭（Mivanwa），招魚祭過後開始捕捉飛魚，飛魚季節自此

臺灣的味道怎麼吃

習烙——手撕生食原始風味

我吃習烙的方式，習自從小一起長大的阿美族舞群朋友，吃法很簡單，就是打開罐子用手拿出來，邊撕肉邊吃，現在也喜歡搭配他們醃的小米辣。如果怕味道太濃重，烤或煎也都能夠品嘗到習烙的美味。由於習烙有類似金華火腿的香氣，用來燉類似上海名菜醃篤鮮的湯品也是不錯的選擇。

開始。到了夏天則會舉行另一次的儀式，停止捕捉當年的飛魚，改捉別的魚種。

飛魚祭起源於蘭嶼一個叫飛魚託夢的神話故事，傳說海水退潮後，人們將貝、蟹、飛魚等混著煮食而生了病，於是魚神就託夢給一位老人，告知正確的食魚方法，老人便在部落正式傳授此一吃法，其他部落看了也都來學習，代代相傳之後便形成了現在的飛魚祭典儀式。

達悟族人對不同品種的飛魚有不同的定義，黑鰭飛魚數量最少，因此最有聲望，是傳說中的魚神；白鰭飛魚是最早到達蘭嶼的族群，第一次捕捉到時，必須讓家中所有成員都吃到，不可分給外人；斑鰭飛魚不能給懷第一胎的孕婦食用，不然腹中小孩可能會長不大。此外，還會將魚分為味道最腥、只有祖父級長者才能吃的老人魚；味腥

生醃肉、葉子裹米，都是原住民族為了生存而衍生出的食物；飛魚在達悟族則是如神一般的存在。

只適合男人食用的男人魚（壞魚）；滋味鮮美、肉質細膩，所有人都能吃的女人魚（真魚）。

蘭嶼最著名的就是飛魚乾了，但在魚汛期的飛魚會直接水煮，魚汛期後則會將飛魚與芋頭一起煮，或是火烤後食用。由一群記錄臺灣家常手路菜的年輕人所組成的「島嶼上的飯桌」，曾介紹過一道地瓜炊飛魚乾，將芋頭換成地瓜，烹調方式相同，吃的時候一口地瓜、一口飛魚乾，留在口中和心中的滋味，我想就像他們說的：

這料理沒什麼能炫技，但嚼著嚼著卻越來越重視，每一口的得來不易，不只是農田到餐桌，追溯回去的是一個航海民族，實在的與海搏鬥，同時又敬重謙卑的精神。

第二章

荷蘭人來了，蔬菜水果變多元

1 史上第一批移民潮，引進蔗作製糖

正式名稱為聯合東印度公司（Vereenigde Oost-Indische Compagnie，簡稱 VOC）的荷蘭東印度公司，於一六〇二年三月二十日，由一群荷蘭商人成立，是世界上第一家跨國公司和股份有限公司。

雖然荷蘭的造船技術和造船業十分蓬勃，但涵蓋現今荷蘭、比利時、盧森堡三個國家的尼德蘭地區，當時屬於西班牙統治，荷蘭地區不滿西班牙菲利普二世（Felipe II de España）的高壓統治，在一五六〇年代自行籌組聯合省共和國，一直到一六四八年（南明永曆二年、清順治五年）才正式自西班牙獨立。

一六〇四年，荷蘭東印度艦隊指揮官韋麻郎（Wybrand van Warwijck）在兩次進攻澳洲失利後，占領了澎湖，並建立風櫃尾荷蘭城堡，荷蘭文為「Het Fort, Péou（Piscadore）」，直譯為澎湖堡壘。一六二四年，明代和荷蘭之間爆發澎湖之戰，於同年九月，荷方同意拆毀並撤出風櫃城，明代政府指引荷方轉往大員（今臺灣南部）去發展，荷在當地建立熱蘭遮城（Fort Zeelandia），開啟了臺灣史上近四十年的荷蘭統治時期。

占領臺灣作為戰略軍事基地，對荷蘭人來說非常重要，因為這使他們能夠切斷被西班牙控制的菲律賓，與中國之間的海上航線。而荷蘭人的到來，與隨後來自中國的定居者，也標誌著臺灣近代歷史的開始，一段由臺灣原住民、中國人、日本人、荷蘭人和西班牙人同時譜成的近代史。

不敵原民襲擊，西班牙先退場

從站上臺灣的第一天起，荷蘭人就做好了應對當地居民抵抗和外來侵略者——葡萄牙人、西班牙人和英國人——攻擊的準備。他們在今臺南地區的安平附近建立了熱蘭遮城，一年後又在今日赤崁樓遺址上建立了普羅民遮城（Fort Provintia），堡壘中的大炮不僅瞄準可能來自海上的襲擊者，還瞄準了島內的反抗者。

一六二六年，西班牙艦隊到達臺灣東北端，將其命名「聖地亞哥」（San Diego），即是現今的三貂角，並在臺灣東海岸廣泛停泊，以避免與西南海岸的荷蘭軍隊發生衝突，隨後再挺進基隆，將當時的雞籠港命名為 La Santisima Trinidad，並分別在基隆和平島和淡水建了聖薩爾瓦多炮臺和聖多明各炮臺（為現今紅毛城）。

次年，占據臺灣南部的荷蘭人派出一支艦隊向北驅逐西班牙人，但由於當時荷蘭人正忙於將據點發展成為貨物進出口、收集和分配中心，因此此次出兵反被擊退，無法有效阻止西班牙人在北部建立基地，使得臺灣從一六二六年到一六四二年，經歷了兩個殖民政府的統治。

在荷蘭人到來之前，臺灣的經濟相當原始。**荷蘭殖民最重要的影響，是將臺灣從自給型經濟轉變為以貿易為基礎**，荷蘭人希望發展臺灣具有商業價值的產業，從而獲得顯著的經濟收益。而在臺灣待了十六年的西班牙人，對臺灣的發展貢獻，則是在中國移民和原住民的幫助下，開採臺北北投郊區的硫磺礦，以及傳教士為了使臺灣人民皈依天主教，編寫了《淡水詞典》並教授西醫。

然而，儘管西班牙人統治了整個臺灣北部，他們的貿易和傳教工作其實並不順利，一半以上的西班牙人不是死於原住民的襲擊，就是死於瘧疾等疾病。於是他們很快就喪失了控制臺灣的野心，在一六三八年裁減軍隊並放棄淡水的紅毛城，荷蘭人看到了這一弱點的好機會，於一六四二年率艦隊向北推進占領基隆，就此結束了西班牙對臺灣北部的控制。

用獎勵吸收漢人來臺

荷蘭人為了努力提升臺灣的農業經濟收入，積極從中國招募漢人移民，臺灣史上第一批中國人移民，即是在荷據時期啟動，在研究論文〈荷據時期臺灣赤崁一帶土地墾佃制度之研究〉中提到：

十七世紀初期荷蘭人對殖民地經營的方針之一，是招徠漢人從事各項基礎建設，並給予漢商種種的優惠措施。臺灣在荷據初期，荷蘭人亦即招徠漢人從事城砦興建之工程，其後隨著荷蘭人擴大在臺的支配力量時，發現臺灣尚有廣大的沃壤尚未開墾，基於公司利益及糧食需求，於是開始有在臺灣發展農業之意圖，漢人移民固有之農耕文化與技術，成為赤崁一帶土地開墾與農業發展的主力。

荷蘭人先是利用來往於臺灣海峽兩岸的商船，作為漢人移民渡海之工具，一六三五年以後，荷蘭東

十七世紀荷蘭製圖師約翰．芬伯翁（Johannes Vingboons）繪製的熱蘭遮城。荷軍允諾明代政府撤出澎湖、轉占臺灣，並先後建立熱蘭遮城及普羅民遮城，開啟臺灣近 40 年荷蘭統治時期。

印度公司陸續以武力征服原住民，在臺之基礎逐漸穩固，創造出有利於農業發展之環境，於是吸收漢人移民來臺耕墾。而設立在大員的商館則以授予土地之方式，鼓勵漢人首領將其眷屬接至臺灣定居，並利用其在原鄉的號召力，招募其他漢人來臺發展。

不過其實在荷據之前，已有少部分漢人從大陸來臺從事漁獵及鹿產交易，寓居於臺灣各地，散開於各原住民部落間，或在靠近漁場沿岸搭蓋小棚結夥而居，僅於漁季或狩獵期間來臺，漁獵季節結束後即返回大陸。一六四〇年以後，漢人移居臺灣的人數穩定增加，**一六四六年時大約一萬五千人左右，在荷據後期，已達到兩萬五千人至三萬人左右**。

由於荷蘭東印度公司獎勵農業發展、引進漢人移民農耕技術，加上農業人口成長等因素，奠定了日後臺灣農業經濟發展之基礎。也是在這個時期，**漢人移民將中國大陸品種的甘蔗引進臺灣種植，成為臺灣從事蔗作製糖之開端，並揭起了臺灣農業發展之序幕**。在一六三三年至一六三五年期間，已有漢人在赤崁一帶從事甘蔗、棉花、大麻、靛青（按：藍染植物）、水稻、番薯、小麥、薑、菸草、土茯苓等農作物的種植。

此外，荷蘭人也引進大量耕牛來提高耕種效率，讓米、糖產量增加，除了供島內所需之外，輸出所得也成為荷蘭當局的重要財源。另也引進不少高經濟蔬果物種，像是從印尼爪哇引進的蓮霧、印度檬果（土芒果）、南美釋迦、中南美番石榴，目前都成為臺灣主要的商品化果樹。有意思的是，**這些食物從名稱就能看出其舶來品身分**，就像胡麻、胡瓜、胡桃、胡蘿蔔是從絲路引進中國的物種，而「番」字輩的番石榴、番茄、番麥、番薯與番仔椒，則是坐船來的外國食物。

2 甘蔗一開始並非製糖，而是造酒

荷蘭人對臺灣其中一大貢獻，是引進和擴大島上的甘蔗種植，直到一九六〇年代末，過去三個世紀，糖一直是臺灣的主要出口產品。回顧荷蘭東印度公司最早占領澎湖，以及後來遷至大員的目的，並非建立糖的殖民地，而是要作為與中國大陸做生意的貨物集散地和進出口貿易中心，是荷蘭第四任臺灣長官漢斯·普特曼斯（Hans Putmans）在一六三五年時提出，持續由中國大陸進口糖，造成糖價不斷高升，便計畫由臺灣自行製糖，因此自大陸進口甘蔗，並借漢人耕牛和錢，在臺灣大規模種植。

不過，臺灣並非原本沒有甘蔗，元代航海家汪大淵為當時市舶司所在晉江縣（今泉州市鯉城區）縣誌《清源續志》所著的附錄《島夷誌略》〈琉球〉中，寫道：「煮海水為鹽，釀蔗漿為酒。」可見在荷蘭人自中國大陸引進甘蔗前，臺灣已經存在著甘蔗了，只是並非用來製糖，而是造酒。

但荷蘭人的蔗糖計畫一開始並不成功，由於糖的生產正是勞力密集產業，他們曾經試圖勸說原住民定居種植甘蔗取代漁獵生活，但原住民們認為，根據傳統性別分工，農耕是女人的工作，而且農耕勞力繁重又無聊，因此配合意願很低。**為了能獲利，荷蘭東印度公司只得從大陸吸引更多對於海峽對岸生活經驗老道的福建農夫來臺，還特地為這些漢人興建了醫院**。

一六三九年，有七位在臺漢人由荷蘭人手中取得了免費的土地，而荷蘭人則鉅細靡遺的告訴他們要產出多少甘蔗，以及稻米、菸草、薑等作物，收成後荷蘭人再用預定好的價格購買回去。

甘蔗的播種期為十二月到次年四月，生長期則是一年。臺灣傳統榨糖、熬糖的場所，是由壓榨甘蔗的棚屋和煮糖的熬糖屋所構成，稱為「糖廍」（音同布），製作過程是先在棚屋中，將甘蔗夾由牛驅動的石車榨汁，並加入萊姆去除雜質，然後以甘蔗渣為燃料，在熬糖屋中將甘蔗汁煮至黏稠後保存於桶中。這些蔗糖會有六五％結晶，另外三五％則維持糖蜜的狀態。

為了給糖廍提供牛隻，荷蘭人也開始在臺灣養牛，從起初的三十八頭，到一六三五年時已有三百六十頭，同時也鼓勵對岸的漢人帶自己的牛來臺灣，與荷蘭東印度公司的牛交配。明代於一六四四年滅亡後，運往臺灣的牛隻數量便大增，單單是一六四五年四月二十日這一天，就有九艘戎克船（按：中國古代帆船）載了共六十一頭牛來臺。

不過話雖如此，荷蘭人對於製糖過程提供的也僅有牛隻和貸款而已，其他舉凡收割甘蔗、榨糖、熬糖等所需的勞力和裝備，都是這些中國人自己負責，因此荷蘭人很快便發現，在臺灣製糖的利潤要比在爪哇生產來得高。在一六四五年時，臺灣糖總產量的三分之一，也就是約三十萬斤的糖，被銷往波斯；到了一六五八年時，臺灣糖的年產量高達一百七十三萬斤，其中八十萬斤銷至波斯，六十萬斤賣到日本，其餘的則出口至巴達維亞（Batavia，荷屬東印度群島的首都，相當於現在印尼的雅加達）。

3 高麗菜，荷蘭人引入的

高麗菜的「高麗」二字，很容易讓人連想到韓國的古稱「高麗」，但兩者其實並無關係，高麗菜的植物學正式名稱叫做「結球甘藍」，其他較為普遍的中文名稱還有卷心菜、包心菜、洋白菜、圓白菜、包菜等，陝西與山西一帶也稱其為蓮花白。

高麗菜屬於十字花科下蕓薹屬（Brassica）的甘藍種，除了稱為結球甘藍的高麗菜外，甘藍種中還有球莖甘藍（即苤〔音同撇〕藍，或稱大頭菜）、抱子甘藍、花椰菜、青花菜、羽衣甘藍、芥藍菜等。現在最為人所知的西方高麗菜，是原生於地中海沿岸一帶的野生蔬菜、英文學名為 brassica oleracea 的甘藍演化而來。這種野生高麗菜，對鹽分與石灰岩有著很強的耐受力，但是卻毫無與其他植物競爭的能力，因此生長在海邊的石灰鹽峭壁上，其厚而富含水分的葉片，正是它能夠在這樣惡劣環境下生存的利器。

高麗菜在西方要到希臘羅馬時代才有紀錄，公元前四世紀有「植物學之父」之稱的古希臘科學家泰奧弗拉斯托斯，先後寫了《植物志》、《植物之生成》等著作，其中便提到了高麗菜。當時的希臘人稱高麗菜為krambe，並且傳說奉行犬儒主義（按：認為人是理性動物，應該摒棄財富、權力等傳統欲望，追求沒有任何財產的簡單生活）極簡生活的古希臘哲學家第歐根尼（Diogenes），擁有的全部財產只有一個木桶、一件斗篷、一支棍子和一個麵包袋，而他一生只吃一種東西，那就是高麗菜。

羅馬人則視高麗菜為奢侈品，是蔬菜之王，甚至認為有治療痛風、頭痛，與誤食有毒香菇時可以解毒之功效。在八世紀統一西歐的神聖羅馬帝國國王查理曼（Charlemagne）所制定的《莊園法典》（*Capitulare de Villis*），對其領土上含葡萄種植、葡萄酒釀造，與各種瓜果蔬菜的種植、牲畜的配種繁殖等，各種經濟活動都進行了規範化管理，而高麗菜種植也被記錄於其中。

十七、十八世紀時，高麗菜已是風行歐洲的普遍食物，大航海時代開始後，縱橫寰宇的歐洲水手們為了預防壞血病，便將高麗菜帶上船，隨著他們漂洋過海到美洲和亞洲，葡萄牙人將高麗菜帶到印度，而荷蘭人把高麗菜帶來臺灣。當時日本植物學家貝原益軒在一七〇九年所出版、以李時珍《本草綱目》為藍本所編撰的《大和本草》（やまとほんぞう）一書中，以オランダナ（紅夷菘）之名記載了這種植物。

荷蘭人引入，臺灣人改良

在臺灣與閩南稱為高麗菜的結球甘藍，最普遍的中文名稱其實是包菜，原因要從美式料理一道經典配菜卷心菜沙拉說起。卷心菜沙拉的英文是 coleslaw，美國有高達四五％的高麗菜被用來做這道菜，而 coleslaw 這個字又源自荷蘭語的 koolsla，亦即卷心菜沙拉的意思，其中 kool 是荷蘭語的卷心菜，而 sla 則是荷蘭語沙拉 salade 的縮寫。十八世紀初，荷蘭人蜂擁而至，當時他們稱為新阿姆斯特丹的紐約，也將這道料理帶到了美國。

Kool 這個卷心菜的荷語在美國被英語化成 cole，不過由於這本來就是一道冷菜，許多美國人後來常把原本的kool當成cool或cold，還把coleslaw叫成cold slaw。臺灣則是把它漢語化成了類似「高麗」的發音，這也是為什麼全世界講中文的地方，只有臺灣與閩南一帶將卷心菜稱做高麗菜的原因。

不過在中央研究院臺灣史研究所副研究員鄭維中的研究中曾指出：

荷治時期移植到臺灣的高麗菜種子，雖然未必是直接由荷蘭運來的，卻多半是荷蘭人從巴達維亞（按：一七九五年至一八〇六年間，位於現在荷蘭領土上的法國傀儡國）取得的。附帶一提，當時的唐人，看起來並不是怎麼太讚賞高麗菜，而且當時也未必稱之為「高麗菜」。因為，在十九世紀編纂的漳州話辭典《荷華文語類參》中，荷蘭語的高麗菜（Kool）被譯為「椰菜」、「芥藍」，而非今日通稱的「高麗菜」。大概直到十九世紀晚期，閩南人才開始將「番芥蘭」改稱為「高麗菜」。

雖然荷蘭人早在十七世紀就把高麗菜帶來，不過這種蔬菜適合在溫和涼爽的氣候下生長，臺灣的氣溫過高，很難就地採種。到了日據時期，臺灣主要使用的品種，已改為從中國大陸引入的「上海金實」種，且由於高麗菜耐貯運，符合日軍運補需求，日本的蔬菜專家又再致力研究改良其抗熱性，還有位名叫葉深的農民，在淡水河畔的江子翠地區自行改良種出抗熱品種，日本專家便將之命名為「葉深」種。

葉深種後來被日本蘢井種苗公司拿去與日本品種交配，並在一九五三年發展出抗熱性更佳的品種，能在夏天栽種、秋初收成，因此命名為「初秋」，當時在臺灣的市占率約七成。然而，初秋的最佳生長溫度為十六度到二十二度，因此每到炎炎夏季，便出現平地的初秋高麗菜短缺現象，為了應付四季無歇的甜脆高麗菜需求量，農民便轉往福壽山、武陵等高冷地種植。

臺灣目前所產的高麗菜，秋冬時期以彰化、雲林、嘉義的平地為主要產區，夏季則在宜蘭、臺中、南投等海拔約一千五百公尺較涼爽的地區栽培。品種可大略分為秋冬的平頭高麗菜，及夏季產的尖頭高麗菜，若細究則有風味較差而纖維粗，俗稱「金葉仔」的品種二二八；外型尖挺圓滿，色澤翠亮，葉脈紋路凸出明顯，口感則是清脆爽口，而纖維細緻的品種雪翠；以及外型扁平，外葉有白色臘粉，常見於夏季南部產區的臺中一號。

高麗菜整體可以區分成圓球形、扁圓形、尖球形等三種結球外觀，臺灣比較常見的以扁圓形為主。不過如果在溫度較低、日夜溫差較大的環境栽培，高麗菜的形狀也可能改變。以初秋為例，如果在冷涼的環境下生長，外型就會比較像尖球；而如果栽培溫度過高，形態會比較鬆散，甚至結球狀況不佳。冷涼環境之所以會讓高麗菜球型變尖，是因為低溫會刺激高麗菜抽薹（按：植物的莖受環境變化的刺激，隨著花芽分化迅速伸長，使得植株變高），也就是頂芽部分會長出花器，準備開花。因為高麗菜會從內底部的莖向上抽薹，所以會讓整顆球型一起被抽長，外觀也就容易像尖圓形。

一九五〇年代，國民政府開拓中橫公路時，為了補給修路榮民的糧食，就近在梨山開闢武陵、清境、福壽山、西寶等農場，試種溫帶蔬果，在高山日夜溫差的涵養下，梨山高麗菜甘甜清脆，相當受歡迎，成了尖頭好吃的高山高麗菜代表。

高麗菜飯，早期社會的農家飯

臺灣的高麗菜飯正式名稱為鹹飯，源自於閩南鹹飯，原為福建泉州十大名小吃之一，種類繁多，有南瓜鹹飯、蘿蔔鹹飯、芥菜鹹飯、芋頭鹹飯、五花肉鹹飯等。由於鹹飯的製作方式是先翻炒過所有食材，再加米和水慢慢燜熟，因此不像炒飯有強烈的鍋氣，吃起來也沒那麼燥熱。

鹹飯的配料豐富，又可隨心所欲，不過有幾種不能少，分別是干貝、乾香菇、蝦米等乾貨，其次為鹹飯的靈魂——五花肉，另外還有油蔥酥和紅蔥油。將五花肉煸出的豬油，包裹飽滿的米粒，加上在燜煮過程不斷融合各

高麗菜剛傳入時，原本並不適合臺灣種植，幾經培育改良，並移往武陵、清境等高冷地栽種，現在已是四季都能享用的美食。

種配料的味道，最後加上油蔥酥和紅蔥油拌勻，撒上芹菜末，就成了一鍋鮮美誘人的閩南鹹飯。

在早期農業社會，鹹飯原本就是為了讓透早就出門、日落才回家的農民，把菜、肉、米煮成一鍋的便捷簡餐，從閩南傳來臺灣後，也扮演著同樣的角色。「鹹飯」一詞最早躍上臺灣報紙版面，是在一九三五年的《臺灣日日新報》，標題為「美味的臺灣料理食譜——什菜飯」，還詳細介紹了配料與作法。

飲食作家陳靜宜在《鹹飯，最純樸的家滋味》一文中，是這樣介紹鹹飯的：

> 臺灣招牌上通常寫著「古早味高麗菜飯」，與排骨湯成標配套餐組。作法有兩種：一種跟閩南鹹飯一樣是生米燜煮成熟飯；一種是直接把高麗菜滷、肉末澆蓋在白飯上，比較像丼飯，特別集中在彰化北斗一帶。後者還可以稱為高麗菜飯，但就不能稱做鹹飯了。

把滷高麗菜肉末澆在白飯上，是彰化員林北斗的著名小吃，通常是以紅蔥頭、豬油先炒後滷的高麗菜配上豬皮，鋪在白飯上，是臺灣特有的古早味，也是早期農村社會的農家飯。

客家人的生存之道——高麗菜封及菜乾

擅長保存食物的客家人所發展出來的高麗菜乾，有個正式名稱，叫做瓶仔菜，之所以叫瓶仔菜與其製作方式有關。臺灣早年有種植菸葉，每年入秋開始整理菸葉田並栽種時，勤儉的農婦們就會在菸田田埂旁鬆土區也栽種蔬菜，與菸葉一起照料。如此一來，一段時日後就能有多樣蔬菜可採收。臺灣南部的冬天氣候乾燥涼爽，高麗菜採收回來後，農婦們會將碩大的高麗菜葉一片片剝開來，擺在禾坪上讓冬日溫和的陽光晒去過多的水分，傍晚時分收集晒過的柔軟葉片，撒下鹽巴拌揉，再撕片塞進玻璃酒瓶裡儲存，瓶仔菜之名也因此而來。

裝高麗菜乾的瓶子，多半會用米酒瓶或高粱酒瓶，把玻璃瓶洗淨殺菌消毒後，用筷子或木棒一次一片的把高麗菜葉塞入瓶身，要擠壓到沒有縫隙，然後將溢出的水分倒掉後封蓋。一公斤的新鮮高麗菜，只能做出一百多公克的高麗菜乾，客家人會運用變化出多種美食，可以炒飯、炒麵、炒肉絲，煮高麗菜乾排骨湯、高麗菜乾滷五花肉，還可以做高麗菜乾扣肉。

由新鮮高麗菜做成的封肉則是高雄美濃特有的客家大菜之一，又分為豬肉封、高麗菜封、冬瓜封等「客家三封」。為什麼這道菜會是美濃專屬？首先，我們來看看客家人在臺的分布，輔仁大學餐旅管理學系鄧之卿教授在專文〈山居歲月——新竹客家飲食文化及體現〉中提到：

客家人遷居臺灣，大約是在清朝康熙、雍正、乾隆三個時代，而現在臺灣的客家人，也絕大部分是這個時代移居者的子孫。目前臺灣的客家族群大約有四百萬人，屬於少數族群，主要分布在南、北兩大地區。北部客家俗稱「海陸客」，主要居住在桃園、新竹、苗栗三縣為主，南部客家俗稱為「潮州客」，則分布於高雄、屏東兩縣。至於分布於中部地區的客家人，大多已不講客家方言，稱之為「福佬客」。（按：本篇文章發表於二〇〇九年，依客家委員會二〇二二年統計，臺灣客家族群已超過四百六十六・九萬人。）

明代末年廣東與福建人同時移民到臺灣，但到了康熙時期，因施琅嚴禁粵民渡臺，客家人口數逐漸不如閩籍，而在閩客械鬥中失利，被迫退出平原，遷至靠山的丘陵地，部分因經商而逐漸提高身分地位的粵籍客家人，便經常以隱藏自己語言習慣來避禍。

在南部的客家人為了防止閩南人攻擊，把高雄、屏東分成六個地方自衛隊，這六個區域稱為「堆」，這就是六堆的由來。而美濃屬於右堆，正好是漢人與原住民交界處，美濃先民不但要開墾荒地、種田種菜、搭建房屋，還要隨時隨地提防原住民出草（按：原住民獵人頭習俗）。美濃平原提供了客家人稻米、蔬菜、豬、雞，不過由於資源不豐，因此客家人非常節儉，只有過年時才吃肉，冬天正是甘蔗及高麗菜的盛產期，這時豬也養肥了，拿來做三封正是時候。

「封」在客家話裡的意思為炕，這個字既可當動詞，也可作名詞，有燉、煮、滷的意思，也就是燜燉到爛熟，而高麗菜封即為高麗菜加上香菇，用大火炕出鹹、肥、香的一道重口味客家菜。這道菜只需準備高麗菜、三層肉、蒜頭與醬油，首先拌炒蒜頭與三層肉，再將去掉蒂頭的整顆高麗菜放入鍋內，淋上醬油再燜煮約三十分鐘。美濃的高麗菜封，還有一個特別的作法，那就是在鍋底加甘蔗，一方面防止食材燒焦，一方面讓甘蔗的清甜與滷汁融合。

封肉、高麗菜封和冬瓜封加起來，則成了另一道菜——柴燒封大封。作法是在鍋底放置甘蔗和四根竹子，然後一一疊上三層肉塊、冬瓜和高麗菜，每塊大小都比臉還要大。待食材擺好，淋上整瓶米酒和少許醬油，蓋上鍋蓋，就可起火燒柴，封的過程中，每隔數十分鐘就得開蓋觀察食材燉煮的狀況。

封大封絕對不可加水，因為高麗菜和冬瓜已經飽含水分，因此加米酒足矣。火候也不能大，要小火慢燉，讓高麗菜和冬瓜均勻染上醬色，並且入味，等到準備起鍋前半小時，再先後放入蒜苗白、蒜苗綠、糖和鹽提味，一道客家大封往往要花一整個上午方能完成。雖說客家大封是一道菜，但也可說是封肉、高麗菜封和冬瓜封三道菜，煮起來耗時費工，但煮好等於完成了三道菜，自然成為客家人過年時的一道大菜。

4 檨仔身世很複雜，荷、日、印、美都有份

臺灣人種植芒果源於一五六二年，也就是明代嘉靖年間，由荷蘭人引進栽培，在這座島上落腳已有四百多年了。芒果在臺灣之紀錄首見於一六二五年二月十九日，荷蘭東印度公司第一任臺灣長官馬丁・宋克（Maarten Sonck）寫給巴達維亞總部的信：

「請閣下送幾匹馬，配著馬鞍和馬轡來此地。因為馬在此地很令人敬畏。在緊要的時候，也很有用。因為我們可以在野地上，騎馬追逐控制當地居民和其他敵人。也請送一些葡萄、芒果、荔枝、榴槤等水果的樹苗來。」

當時芒果在現今臺南六甲及附近東山、官田、白河等鄉鎮種植，包括柴檨（音同奢）仔、香檨仔、肉檨仔、牛犀仔等多個品種，後來慢慢南移，跨過高屏溪，也許是

因為生長環境更像原產地巴達維亞，使得越往南栽種的芒果樹種，成熟期越提早。

一六八五年、康熙二十八年間的《臺灣府志蔣志》〈果之屬〉中記載：「乃紅彝從其國移來之種，株極高大，實如豬腎，三、四月間味酸如梅，採而鹽之，可作菜品，病者亦宜。至五、六月間盛熟，皮有青、有黃者，肉有黃、有白者，有微根在核。將食須用小刀剖之，味甘或帶微酸。計有香檨、木檨、肉檨三種。木檨味勝肉檨，香檨其尤者也。即《外國志》所載『南方有果，其味甘、其色黃、其根在核』者是也。」其中的紅彝即是荷蘭人，並提到了香檨、木檨、肉檨三個品種。

這種原產於印度與中南半島的水果，在臺灣經過四百年來的繁殖馴化，

芒果原產於印度與中南半島，經過臺灣四百年來的繁殖馴化，現在栽培量以「柴檨」最多，也就是人稱「土檨仔」的土芒果。

適應本地風土後，現在的栽培量以「柴檨」最多，也就是人稱「土檨仔」的土芒果。土芒果的產期最早，四月即可採收，盛產期為五月至七月，果皮呈黃綠色，果實雖小且纖維粗，但酸甜有味、香氣濃郁。此外，土芒果也是種植其他芒果所仰賴的「根砧」（果樹嫁接、插枝繁殖的根系部分），可謂是現今臺灣芒果的根源。

加爾各答加佛州品種，蘊育出巨型金煌

檨仔的語源已無法考證，芒果則是譯自其英文名 mango，為十六世紀時借自葡萄牙語的 manga。而 manga 又是來自馬來語的 mangga，mangga 又是源自通行於印度南部和斯里蘭卡東北部的坦米爾語 mankay，是芒果樹加上未成熟水果的意思。

由於芒果是熱帶果樹，冬天怕霜，再加上開花時期須乾燥無雨，因此，在臺灣能活得最自在的地區，就是北回歸線以南，這也是臺南、高雄、屏東幾個縣市會成「芒果鄉」的原因。

一九一〇年代，日本人先後從印尼及印度加爾各答，引進黑香及懷特等三十多種

臺灣的味道去哪吃

從剉冰到芒果冰

臺味最常見的剉冰，傳自於日本的「削冰」（かき氷），在平安時代清少納言的《枕草子》中，就記載了用刀具將冰削細，再淋上甘葛液、土鼓藤的樹液，或甘茶蔓莖汁的「削り氷」。不過「削冰」真正在日本以店面型式開始販售，是在 1869 年（明治 2 年）的橫濱馬車道。

臺灣到了日據時代，日本人將長谷川鐵工所製的剉冰機具，引進這終年高溫的島嶼，終止人工削冰的時代，臺北於 1920 年創業的「龍都冰果專業家」冰店，也應運而生。出以黑糖蜜淋於自家的剉冰上。

時至今日，臺灣的芒果冰，已經是外國人，尤其是日本觀光客來臺必吃的甜品。引發臺灣芒果冰風潮的，是 1997 年位於臺北市永康街的「冰館」（已改名為 ICE MONSTER）的老闆。他將自己愛吃的芒果切成丁作為剉冰配料，淋上芒果醬，再於頂端擺上一球芒果冰淇淋。選用的芒果品種包括愛文、凱特、土芒果、金煌、西施等都有，會依季節搭配，創造出吃得到真正的芒果，清涼中又帶著濃郁果香的甜點。

芒果；光復後，農委會的前身中國農村復興聯合委員會（簡稱農復會）於一九五四年從美國佛羅里達州引進愛文（Irwin）、海頓（Haden）、凱特（Keitt）、吉祿（Zill）、肯特（Kent）等品種推廣種植，開啟國內大規模栽培歷史，其中平均果重三百至五百公克的愛文種，不但皮薄肉細、幾無纖維又酸甜多汁，是至今臺灣種植最多的品種。

一九六〇年代後，由於臺灣選育有成，芒果品種也不斷進化，一九六六年時，高雄六龜鄉的果農黃金煌以懷特為母種、凱特為父種，於一九七一年育成甜度高、果實碩大如木瓜、一顆重達六百公克至一．二公斤的金煌芒果，之後以金煌為首，臺灣不斷培育出眾多各有特色與風味的芒果品種。

5　法國人的愛情蘋果、臺灣夜市的柑仔蜜

早在歐洲人來到美洲新大陸的數百年前，在西南美洲安地斯地區的祕魯，就有著野生的番茄。當地人不但種植番茄，還將之向北帶到了墨西哥，當十六世紀初西班牙人來到墨西哥時，他們聽到當地人稱這種植物為 tomatl。

西班牙人把番茄的種子從墨西哥帶回了歐洲，在接下來幾十年裡，番茄在歐洲各地被廣泛種植，不過當時主要是作為觀賞用途。而在這期間，番茄也有著許多不同的稱呼，包括因為外型像桃子，而且傳說可以召喚狼人而叫它狼桃，**法國人認為它有催情作用所以稱為愛情蘋果**（pomme d'amour），另外由於當時許多歐洲人誤以為番茄有毒，因此還曾被稱為毒蘋果。

當時的歐洲認為番茄有毒，並非沒有原因，不過主要問題不在番茄本身，而是上流階級愛用的錫製餐具。番茄的高酸度接觸到錫製餐具時，會溶解出鉛，這些鉛使得用錫製餐具的富人們，在吃了番茄做的料理後引發鉛中毒或死亡。

一七〇〇年代初，歐洲殖民者又將番茄帶回了美洲，雖然當時美國北方的人仍然視為觀賞用植物，但南方已經把它當成水果食用了。據傳美國第三任總統湯瑪斯・傑弗遜（Thomas Jefferson）在自家蔬菜園中種番茄，而且自己也很喜歡吃，不過，番茄廣泛被美國人食用則要遲至一九〇〇年代了。

臺灣的番茄則是在一六二二年由荷蘭人引進，起初也是作為觀賞用，到十九世紀末日據時期才引進栽培品種，開始由農業試驗機構推廣為蔬果兩用的園藝作物。番茄的學名為 *Solanum lycopersicum*，臺灣有著柑仔蜜、柑仔得、臭柿仔等稱法，其中「柑仔得」是閩南一帶源自菲律賓他加祿語 kamatis 的唸法，之所以會以菲律賓語來稱番茄，是早年在東南亞活動經商的福建泉州人帶回來的說法。而臺灣南部對番茄的稱法「柑仔蜜」，便是由泉州話的柑仔得演變而來，一七三七年（乾隆二年）的《臺灣府志》就記載著：「柑仔蜜，形似柿、細如橘、可和糖煮茶品。」臺灣北部則以由英文

tomato音譯的日文トマト來稱呼番茄，有些地方則叫它「臭柿仔」。

至於中國大陸稱番茄為「西紅柿」，也就是來自於西洋、長得很像紅柿之意。番茄傳入中國最早的記載，見於一六一七年明代的《植品》，書中提到，西洋傳教士在明代萬曆年間將番茄和向日葵一起帶到中國，當時稱為「西番柿」。一六二一年王象晉的《群芳譜》中則載：「番柿，一名六月柿，莖如蒿，高四五尺，葉如艾，花似榴，一枝結五實或三四實，一數二三十實。縛作架，最堪觀。來自西番，故名。」

到了清朝，番茄已是普遍作物，一七六四年（乾隆二十九年），在李百川融合神魔、世情、歷史於一爐的小說《綠野仙蹤》中，則出現了「不想他是個西番柿子，中看不中吃的歪貨物」這麼一句話，顯見當時番茄已經流傳於民間。

家常菜之首番茄炒蛋，最早是西餐

以番茄入菜最變化萬千的是義大利，從炭烤過的麵包加上番茄丁、碎洋蔥、羅勒葉等配料的前菜普切塔（Bruschetta），由切片的新鮮莫札瑞拉起司、番茄和甜羅勒製成，用鹽和橄欖油調味，象徵義大利國旗顏色的卡布里沙拉（Caprese salad）；用新鮮番茄、麵包、橄欖油、大蒜、羅勒和其他新鮮食材製成的番茄麵包粥 Pappa al pomodoro；瑪格麗塔披薩 Pizza Margherita 等，多不勝數。事實上，就連現在我們視為中菜家常菜之首的番茄炒蛋，最早也被視為西餐。

番茄炒蛋這道菜，其實要一直到清末民初才出現，這是因為西風東漸，中國人飲食受到西餐影響而誕生。在小說家老舍〈西紅柿〉一文中，他寫道：「所謂番茄炒蝦仁的番茄，在北平原叫作西紅柿，在山東各處則名為洋柿子，或紅柿子。」又言：「西紅柿轉運是在近些年，『番茄』居然上了菜單，由英法大菜館而漸漸侵入中國飯舖，連山東館子也要報一報『番茄蝦銀（仁）兒』！」他在〈再談西紅柿〉一文則云：「這就應當來到西紅柿身上，此洋菜也。記得前些年，北平的『農事試驗場』種了不少西紅柿；每當夏季，天天早晨大挑子的往東城挑，為是賣給東交民巷一帶等處的洋人，據說是很賺錢。青島的洋人既不少，而且洋派的中國人也甚多，這就難怪到處看見西紅柿。」也就是說，直到那個年代，番茄還被視為西餐的食材。

直到一九三五年，農學家邢錫永在《園藝》上發布了題為〈番茄之營養價值及其主要加工與烹調法〉的文章，記載了幾種當時常見的番茄料理方法，其中「油烙番茄片，去皮切片，用油烙加雞卵食之」，可能就是關於番茄炒蛋最早的記載。

而臺灣本土衍生出來的番茄吃法，是流行於臺南、高雄一帶，以番茄搭配由醬油膏、薑末或南薑末、砂糖、甘草粉混合而成的蘸醬的番茄切盤，而且必須是皮厚肉硬、酸度高、不像牛番茄那麼多汁，又稱為「一點紅番茄」（因為頂部有一點點紅的時候就可以食用了）的黑柿番茄，才是臺灣古早味。

另外一道夜市常見的則是小番茄夾蜜餞，作法是將小番茄劃開一刀，填入切成塊狀、味道鹹酸甜的化應子。而化應子又稱化核應子，是將大顆的李子先醃漬軟化，用石輪壓輾去除果核，再日曬去除果肉中的含水量，最後醃漬半年而成。

將小番茄劃開一刀，填入切成塊狀、味道鹹酸甜的化應子，是夜市常見的小零食。

第三章

明鄭時代，小吃落地生根

1 鄭成功最大政績，寓兵於農

在臺灣正值荷蘭人統治期間，中國大陸則經歷了明代後期，以及明思宗崇禎自縊的甲申之變後，明代宗氏在南方的南京、福州、廣東肇慶等地建立南明政權。也就在這段時間裡，出現了連接臺灣與中國大陸兩地的鄭氏一族。

泉州人鄭芝龍於一六二一年（明代天啟元年）帶著兩個弟弟去香山澳（今澳門）投靠經商的舅父，並在當地學習葡萄牙語、做生意，受洗為天主教徒。在澳門的兩年，鄭芝龍認識了當地的華僑領袖李旦，李旦在十六世紀末本於菲律賓經商致富，後逃至日本九州島平戶定居，從事由日本政府特許海外貿易的朱印船貿易。

鄭芝龍隨李旦到了日本長崎，成為對方的部下，並與當地女子結婚生子，取名鄭森，即是後來的國姓爺、延平郡王鄭成功。鄭芝龍原本與荷蘭人合作，掛著荷蘭的三色旗，掠奪中國戎克船隻的貨物給荷蘭人，有了自己的勢力後，他又想與官方合作，轉而接受福建巡撫的招撫，從原本身為海盜，變成為朝廷平定福建當地海盜。

海盜之子受封國姓，立足臺灣反清復明

一六四五年，南明政權成立，鄭芝龍帶當時二十一歲的鄭森晉見南明首位皇帝隆武帝，由於鄭森深得隆武帝賞識，因此受賜國姓「朱」，改名「成功」，這便是「國姓爺」的由來。只不過，後來鄭芝龍在三省王爵的利誘下北上歸順清廷，鄭成功因此與鄭芝龍父子決裂，避走金門，且開始於沿海各地招兵買馬，在小金門誓師反清。

但經過潮州、廈門之役；漳州、海澄之役；以及三次北伐後，鄭成功最終被清廷擊敗，退回廈門。據清代歷史作家江日昇所著之《臺灣外記》記載，當時有位荷蘭通事何斌（福建泉州人），以臺灣土地饒沃且地理位置極佳，鼓吹鄭成功攻取臺灣：

斌曰：「臺灣沃野數千里，實霸王之區。若得此地，可以雄其國；使人耕種，可以足其食。上至雞籠、淡水，硝磺有焉。且橫絕大海，肆通外國，置船興販，桅舵銅鐵不憂乏用。移諸鎮兵士眷口其間，十年生聚、十年教養，而國可富、兵可強，進攻退守，真足與中國抗衡也。」

於是鄭軍於一六六一年渡海，四月三十日登陸鹿耳門。這場攻臺之役直到次年一月的烏特勒支碉堡（按：位於熱蘭遮城旁）之戰後，荷軍大員評議會決議放棄抵抗，要求和談。最後**荷蘭東印度公司離臺，臺灣第一個漢人政權——明鄭時代開始**。

不過，其實鄭成功的軍隊在完全擊敗荷蘭人之前，就已經因為軍糧短缺而開始在臺灣屯墾，這也是鄭軍攻臺的主因之一。鄭成功派軍四處開墾，屯墾地區包括虎尾壟社（今雲林縣褒忠鄉）、新港仔（今苗栗縣後龍鎮）、竹塹（今新竹市），及大員以南的鳳山、觀音山等地。在當時居臺已十九年的荷蘭資深土地測量師菲立普·梅（Philippus Daniel Meij van Meijensteen）的備忘錄《梅氏日記》（*Daghregister Van Philip Meij*）中，記錄了他被鄭軍俘虜後，所看到的鄭軍開墾情況：「每個將官手下有一千至一千兩百人，在山腳和每個能開墾成水田的土地上，每一百至兩百人為一群，很認真的耕種土地。無論年紀多小，全無例外都須種植很多蕃薯，多到足夠維持三個月的生活。」

一六六一年六月一四日，也就是永曆十五年五月十八日，鄭成功將赤崁地方定為「東都明京」，並設立了承天府，和天興（今佳里區佳里興）、萬年（今臺南市仁德區二行里）二縣。而為了解決兵糧問題和反清之需要，還實施「寓兵於農」政策，以臺灣為反清復明基地，開拓縱貫臺灣西部平野各處，並建設水利灌溉系統。

一邊軍事作戰，一邊拓荒開墾

鄭成功特別頒訂了墾殖條款，讓其官員可依家庭人口數圈劃無主荒地，官兵亦可在其駐防之地設置田莊，這樣可以保障原住民及先來漢人的權益，避免衝突。此外，圈地及汛地（官兵駐防之地）皆要備圖報告，且任何土地開墾皆須向官方呈報土地面積，以便公平賦稅，對於附近就地耕墾林木魚池也進行保護，顧及長遠經濟利益。

至於寓兵於農的墾殖方式，則是除了防守安平鎮與承天府的侍衛，其餘按鎮分地、按地開墾，並依土地之肥瘠賦稅。遇戰事時即拿起兵器備戰，若無戰事便持農具下田耕種，讓軍隊自耕自食，同時亦就近監看原民動靜，以維護漢人安全。

一六六二年鄭成功去世，他的兒子鄭經繼位，廢除東都，以「東寧」稱全臺灣，並自稱「東寧國王」，而這東寧王國，便是臺灣史上漢人建立的第一個王朝。

鄭經在陳永華的輔佐下，積極建設臺灣，由於土地開發需要更多的人力，鄭經不僅獎勵大陸人民來臺開墾，因此吸引了大量福建和廣東兩省人民渡海來臺定居，及嚴令將士的眷屬須一同遷臺，減少將士逃亡機率，更還招納滿清實施遷界（按：清廷為

鄭成功在荷蘭通事何斌的鼓吹之下，決定攻取臺灣作為反清復明的基地。此圖為荷蘭人描繪之國姓爺軍攻略熱蘭遮城的明信片。

打壓明鄭王朝，阻絕沿海人民與臺灣的交流）時，喪家廢業、無家可歸的流亡百姓。

到一六六六年時，東寧王朝開墾已有成效，陳永華便向鄭經報告說：「開闢業已就緒，屯墾略有成法，當速建聖廟立學校。」次年東寧即大舉興造船隻、與日本、暹羅（現今泰國）、交趾（現今越南北部）等地通商。《臺灣外記》記載：「別遣商船前往各港，多價購船料，載到臺灣，興造洋艘、鳥船，裝白糖、鹿皮等物，上通日本；製造銅砲、倭刀、盔甲，並鑄永曆錢，下販暹羅、交趾、東京各處以富國。從此臺灣日盛，田疇市肆不讓內地。」

前面提到的陳永華，一般認為就是祕密組織天地會、也就是洪門的開山祖師陳近南。民間傳說中，鄭成功為了反清復明，開創天地會，後傳予其參軍陳永華，化名陳近南，天地會在各地的聯絡人皆用「陳近南」之名發布命令。

2 天地會陳近南，啟動鹽業發展

許多人認為，陳永華輔佐鄭氏父子的功業，有如諸葛亮輔佐劉備、劉禪父子，而稱他為「東寧臥龍」、「鄭氏諸葛」。連橫在《臺灣通史》中，就稱陳永華「開物成務，體仁長人；仿其行事，比之於諸葛武侯。」而在日本人川崎繁樹與野上矯介合著的《臺灣史》描述下的陳永華，則是「有經世之才，長於時務。鄭經經營的臺灣政策，泰半出於陳永華的方寸之間。」

陳永華對臺灣的貢獻良多，其中一項便是製鹽。在臺灣尚未有任何外來者統治之前，原住民食用鹽的來源，靠海的便取海水以「煎煮法」製鹽，在山區的會採集略帶鹹味的植物替代。直到一六四八年荷蘭人發現西南沿海地形氣候佳，適合晒鹽，於是建立了臺灣第一個鹽田——位於現今臺南市南區鹽埕與喜樹間的瀨口鹽田。不過，由於產出的鹽味道苦澀，所以當時多半還是自中國大陸漳州、泉州等地進口食鹽。

晒鹽超過三百年，賣鹽也要有執照

鄭成功攻下臺灣後，由於當時朝廷實施海禁政策，無法再從漳、泉輸入物資，因此鄭氏積極思考，如何利用臺灣當地環境製鹽、產鹽。身為當時最高行政長官的陳永華建言：「煎鹽苦澀難堪，就瀨口地方，修築鹽埕，潑海水為滷，曝晒作鹽，上可富國課，下可資民食。」於是在瀨口庄（現臺南市鹽埕永成路一段與二段附近）重新教導人民修築坵埕，重建荷蘭人放棄的瀨口鹽田，鋪以碎磚，引入臺江內海的海水蒸發為滷（指的是滷水，是海水濃縮後形成的高鹽分濃度液體），改煎為晒，以「淋滷晒鹽法」製鹽。臺灣自此從煎鹽法轉變為天日晒鹽法，並持續了三百三十八年，直到二〇〇二年五月，臺鹽關閉所有晒鹽場為止。

陳永華隨後又開闢了洲仔尾鹽田（現臺南市永康區鹽行）與打狗鹽田（現高雄市

鹽埕區），讓民間自由產銷食鹽，這三個鹽田的結晶池面積，共計有二千七百四十四個埕格，每一平方丈課徵七錢的鹽埕稅（鹽埕餉），一年約收入三千四百八十兩銀。

一七九八年、也就是嘉慶三年開始，為了滿足市場需求、提高單位產量，臺灣的晒鹽方式開始從淋滷式改為晒滷式，使用這種生產方法的鹽田，是由水坵（蒸發池）與坵盤（結晶池）所組成，又名晒水式鹽田或瀨口式鹽田，「三曝九晒」的製鹽古法就此成形。

一八二四年（道光四年），臺

臺灣鹽田面積與產量在 1990 年代達到顛峰，但在生產成本及天候條件的限制下，終究不敵低價進口鹽，到 2002 年關閉最後一個鹽場，走入歷史。

灣府城鹽商吳尚新受知府之命，負責將已損毀的第二代洲南鹽場，遷到今嘉義縣布袋鎮新厝仔一帶重建，在遷建時，他將瀨口式鹽田原本兩池的結構，改良精進成為水埕（大蒸發池）、土埕（小蒸發池）、鹵缸與磚瓦埕（結晶池），其中磚瓦埕是把甕瓦敲破成不規則碎片，再平鋪於結晶池的土層上，方便分離鹽和泥土，這種新式鹽田可減少臺灣間歇性降雨帶來的風險，讓鹽產大增，這也是現今「瓦盤鹽田」的由來。

清朝自一七二六年便對臺灣實施食鹽專賣制度，設置「鹽館」統一管理，由鹽館收購民間鹽產為官鹽，鹽商須有執照（鹽引）才能至鹽館購鹽運銷，禁止民眾私晒私賣。到一八九五年臺灣割讓予日本後，鹽業專賣制被廢除，改採自由產銷體制，但卻導致鹽民求售無門，鹽田紛紛廢晒，因此，四年後又再度恢復專賣制度。

早期吃鹽會帶沙，一九七五年開始有精鹽

進入二十世紀後，日本因國內工業用鹽需求量劇增，決定在臺灣建設新式鹽業，成立臺灣製鹽株式會社，鼓勵收購私人鹽灘加以整理改造；一九三〇年代起更有計畫

引進日本財團資金，陸續新闢臺南四草、布袋新塭、高雄竹滬、七股與中寮、頂山、後港等新式鹽田，最終形成臺灣製鹽、南日本鹽業及鐘淵曹達（按：日本鐘淵實業主要製造鹼性蘇打的關係企業，曹達為蘇打的諧音）三大會社寡占日本市場的局面。

但是由於二戰末期，美軍頻繁轟炸臺灣，鹽民在一邊躲警報、一邊晒鹽的情況下，最後只好放棄晒鹽，日本人便鼓勵大家暫時利用大蒸發池養殖魚類來維生，讓鹽民不但有魚吃，還有魚貨可以賣，有鹽民因此轉業養魚，不再從事晒鹽工作。直到一九四七年，國民政府遷臺，臺灣省行政長官公署專賣局（按：現為臺灣菸酒股份有限公司）接收了日本人在臺所有的鹽業資產，並成立了「臺南鹽業公司」，繼續專賣制度，隨後又將中國大陸的鹽政條例移植到臺灣，成立臺灣製鹽總廠，臺灣晒鹽業自此正式轉為國家獨占經營。

臺灣鹽業多為人工晒鹽，陽光普照、雨量少的三月到五月被稱為大汛季，鹽田收成可達年產量一半以上。五月至九月適逢雨季與颱風期，鹽田幾乎停產，鹽民會利用這段時間整修鹽田。十月起雨量漸漸變少，這段期間稱為小汛季，鹽民又可開始晒鹽採收直到隔年三月。

早期臺灣人民吃的鹽，都是未經過提純的粗鹽及洗滌鹽，粗鹽混有泥沙，且多半用草袋裝鹽，還會參雜草屑，而洗滌鹽是加工除去雜質、氯化鈉純度較低的食用鹽。隨著時代進步，人民對食用鹽品質要求增高，臺灣便向日本取經，在苗栗通霄籌建離子交換膜電析精鹽廠，從深十二公尺、長一千五百六十公尺的臺灣海峽海底管線直接引海水入廠煉製，自一九七五年開始生產幾乎不含重金屬及雜質的精鹽。

鹽不僅作為食用調味，也是化學工業的重要原料，且工業鹽的需求超過食用許多，**臺灣到了一九九〇年代時，鹽田面積與產量皆達到顛峰，但產量也只夠供應臺灣工業用鹽需求的三〇％**，再加上人工晒鹽勞動力成本居高不下，以及受限於天候條件，終究不敵國外低價的進口鹽，鹽田一個接一個陸續結束晒鹽。

一九九六年，臺灣製鹽總廠改制成「臺鹽實業股份有限公司」，其後更與澳洲丹皮爾（Dampier）鹽業公司合資在澳洲開發鹽場，產鹽供應臺灣需求，但最後仍然無法克服生產成本過高問題，於五月關閉了最後一個鹽場（七股鹽場），為臺灣三百多年的晒鹽史畫下句點。

3 南臺灣的家魚——什麼魚

虱目魚是一種廣泛分布於印度洋—太平洋熱帶海域的魚類，以底藻和含有無脊椎動物之沈積物為食，成魚於大洋中一次可產下數百萬顆卵，幼魚期則生活於沿岸或近海，英文為牛奶魚（milkfish），早在七百多年前印尼就已經開始養殖。

而臺灣的虱目魚，一說是荷蘭統治期間，從當時同為荷屬殖民地的印尼所引進，不過其引進的時間可能比這個說法更早，由與東南亞的南島語族之間一直有往來的臺灣原住民，或是在臺灣與東南亞之間互有往來的漳州人、泉州人、潮州人所引進，都極有可能。

根據《水產試驗所特刊第九號：虱目魚一六〇〇》的資料，臺灣養殖虱目魚至少也有四百年的歷史，而真正有文獻記載，則是一六八五年《臺灣府志（蔣志）》的〈卷之四／物產／鱗之屬〉，以及一六九四年《臺灣府志（高志）》的〈卷七風土志／土產／鱗之屬〉，兩書都有提到虱日魚：「麻虱目（水波化生，倏而大，倏而無，其味極佳）。」

名字取自「什麼魚」？

關於虱目魚的名稱來源有許多傳說，其一為國姓爺鄭成功初抵臺南安平時，看到漁民獻上的虱目魚，詢問這是「什麼魚」，後人便相傳鄭成功賜此魚名為「什麼魚」，而訛音為「虱目魚」。另一說是鄭成功登陸臺灣時，發現兵士無魚可食，便指著大海說：「莫說無，此間舉網可得也。」隨後命漁夫下網，果然得滿網魚獲，故稱之為「國姓魚」或「莫說無」，久傳而稱之為「虱目魚」。

又一說認為，虱目魚在西班牙語系中稱為「sabalote」，名稱即由此音譯而來；還有因為虱目魚的眼睛有一層膜（由表皮組織、上皮組織及結締組織組成的脂眼臉），讓眼睛像是被塞住了一樣，故稱「塞目魚」（與「虱目」的臺語發音相同）。

虱目魚也有人稱「麻虱目」，依據連橫《臺灣通史卷二十八・虞衡志》云：「臺南沿海素以畜魚為業，其魚為麻薩末，番語也。」可見「麻薩末」為原始名稱，「麻薩」是平埔族西拉雅語中眼睛的意思，原住民因此以魚眼睛的特徵呼之「麻薩末！麻薩末！」

虱目魚怕冷，水溫攝氏十度以下就會死亡，因此養殖地區主要在雲林以南，以嘉義、臺南及高雄為大宗，其中又以臺南的虱目魚養殖面積、產量冠居全臺。臺南人養虱目魚也愛吃虱目魚，因此，又有南臺灣人的家魚之稱。

臺灣從四百年前即有養殖虱目魚紀錄，臺灣鳳山縣教諭朱仕玠在一七六五年（乾隆三十年）出版的《小琉球漫誌》卷四中就寫道：「鳴螿幾日吊秋菰，出網鮮鱗腹正腴。頓頓飽餐麻虱目，臺人不羨四腮鱸。麻虱目，魚名。狀如鯔魚，細鱗。產陂澤中，夏秋盛出。臺人以為貴品。」

虱目魚的養殖方式，目前可區分為淺坪式及深水式二類，淺坪式是臺灣傳統的虱目魚養殖方式，主要是由廢棄的農耕地改成水深三十至五十公分的魚塭，由於占地面積廣，因此放養密度低。利用廉價的有機肥料，與太陽能培育的天然藻水作為餌料，為粗放式養殖，但只有西南部適合這種養殖方式。

深水式養殖魚塭和淺坪式的不同之處，在於前者把水位加深，深度為一至一．五公尺，也有兩公尺以上者。由於水位較深，因此會加裝抽水機或沉水馬達，讓上下層的水可以互換以維持水質，而池水則是略含鹽分為佳。深水式養殖的產量比淺坪式為佳，一公頃魚塭一般每季可達一萬至兩萬尾，甚至兩萬五千尾；魚塭中有許多輪蟲及橈足類可供魚苗食用，故剛開始放養時無須投擲餌料，無形中節省了成本。

和淺坪式養殖方式比起來，深水式養殖的虱目魚魚體較大、脂肪含量高，魚肚較飽滿，適合作魚肚料理，故一般價格比淺坪式養殖的魚高，近幾十年來已經漸漸取代淺坪式養殖，成為虱目魚養殖的主流方法。

魚苗以「隻」販售，算魚苗時得唱歌

儘管臺灣的虱目魚養殖早在四百年前就開始，然而**繁殖技術卻是直到一九八〇年**

代才終於發展出來。在人工飼養開始之前，漁民必須利用舢舨出海至離岸二十至三十公里左右的海域，以三叉網捕撈天然魚苗，在非繁殖期間的清明前後，也可見漁人以手叉網、小型曳網、定置網及手抄網在沿岸捕撈。從海上捕獲的天然虱目魚苗，都是才剛孵化不久，通體透明有如玻璃，因此漁民會稱之為「白水仔」，且因為只能辨識出魚苗頭部的兩個黑點，即是魚眼睛及腹部的一個黑點，也有人稱為「三點花仔」。

漁民取得魚苗後，會在稱為「魚苗寮」的虱目魚買賣集散地集中販售，買賣時須僱請專門的「數魚工」精確計數魚苗買賣數量。因為買賣的隻數不是用估算的，而是一隻隻點算出來的，為了避免點算出錯，還發展出獨特的「數魚苗歌」，用唱的來點算魚的數量，每數到一百隻就擲下一小根塑膠棒做紀錄，屆時只要算有幾隻塑膠棒，就可以知道點算了幾隻。買家買回剛孵化的魚苗，飼養到三至五寸大小後，再以稱重的方式賣給專門飼養食用魚的養殖戶，此為中間育成。

現任臺灣海洋大學講座教授以及中研院院士的廖一久博士，曾花了六年時間試驗人工餌料來飼養虱目魚種魚，證明虱目魚種魚可以用人工方法養殖，可惜種魚在一場意外事件中全數死亡，研究遭受嚴重挫敗。直到一九七八年，廖院士受邀到菲律賓的東南亞漁業發展中心水產養殖部進行研究，終於成功養成近三千尾魚苗。

當時國際養殖虱目魚主要的技術中心在菲律賓，聯合國在菲律賓設置「東南亞漁業發展中心」，延攬了十一個國家、六百多位水產界專家博士，參與研究，並在一九七七年訂下目標，要在隔年生產出一千條可孵化魚苗。但在一九八二年發表這項研究時，才赫然發現，臺灣已經有人成功孵化一萬三千條魚苗。

有「虱目魚之父」之稱的林烈堂，自埔里初中畢業後，就在家中幫忙父親養魚，他無意中在虱目魚的魚塭裡，發現有幾尾種魚的色澤與其他黑色虱目魚不同，他聯想到中國古代的錦鯉養殖，好奇如果把這些變色的虱目魚蒐集起來交配繁殖，說不定也會養出新的品種。於是他在每

早期漁民會捕撈野生虱目魚苗賣給養殖戶，因而發展出專門的數魚苗工及數魚苗歌，用唱的來點算魚苗數量。

日巡視魚塭時，會特別把變色的虱目魚留下來，二萬多尾的虱目魚中，通常會挑出一、兩尾。經過七年的育種成熟，新品種黃金虱目魚的基因及成活率逐步穩定，從百萬分之一的突變品種，成為可以大量生產的新品種。

一九八二年時，林烈堂已經育成了一萬三千多尾魚苗，到了一九八四年，臺灣虱目魚已經無須靠注射賀爾蒙，不但可以自然繁殖且魚苗產量穩定，可提供給養殖業者，從此開啟臺灣虱目魚苗的量產產業。

剖魚有獨特刀法，饕客最愛魚肚部位

由於**臺灣人嗜吃虱目魚肚，還講究吃無骨虱目魚，因此切割時有獨特刀法**，既非自魚背，亦非自魚肚，而是在去鰓並切除頭部後，自魚身中央入刀，因為此處是油脂豐富、饕客最愛的魚肚，與油脂較少的背鰭肉的分界。先在魚身兩面都以半月形弧度劃至魚腹部，「撕」下整片魚肚，並順勢清除內臟；接下來兩面都貼著中骨切至尾部，取下魚背肉。

賣虱目魚的店家，須在開店前就先用魚骨熬湯，十多斤的魚骨要熬上半小時，然後煮魚肚、燙魚皮和蚵仔。早年虱目魚不是終年都有，只有農曆二月到十月才會賣魚粥，由於必須為粒粒分明的飯湯，因此要用在來米才經得起煮，店家會一邊煮、一邊斟酌來客量，決定加多少半生熟的飯到湯鍋中煮，以免煮過頭影響口感。

一般而言，除非特別指定要吃魚肚粥，否則虱目魚粥用的都是無刺的魚嶺，也就是背鰭肉，粥裡必有油蔥酥、芹菜珠或韮菜花，然後再加胡椒粉、蔥花來調味。

4 蚵仔煎起源——鄭軍快斷糧了

一六六一年四月三十日，天剛破曉，幾百艘戎克船組成的大船隊張滿帆航向鹿耳門（Lackjemoey），此即傳聞已久的國姓爺大兵。

當時荷蘭軍上尉湯瑪士．佩德爾（Thomas Pedel，舊籍中譯作「拔鬼仔」），因為曾在漢人農民因不滿稅收惡制的武裝起義事件中，以少數人大破一千民軍，所以他有自信這次也能擊潰鄭成功的登陸部隊。不過最終的結果是，包括拔鬼仔在內的一百一十八個士兵被殺得片甲不留，剩下的生還者丟下武器拚死逃回熱蘭遮城堡。困守在熱蘭遮城的荷軍放火燒市區，以免糧食被鄭成功軍隊占有，並以強力火炮應戰鄭軍的總攻擊，於是鄭成功決定長期圍城，並派兵屯田。

這個圍城戰持續了九個月，對鄭軍來說，糧食不足是一大問題。鄭軍渡海來臺時，所帶糧食不多，途經澎湖所徵之糧也不過百餘石，供應全軍連一餐都不夠。荷蘭人放火燒市區時，即便鄭軍部隊迅速滅火，並在大員市鎮獲得大量糧食，但也僅能支持部隊半個月，官兵甚至以草木充饑，因饑餓而死亡或逃兵的人越來越多，逃兵一旦捉回來便是立刻斬首，就是在這樣艱困的情況下，臺灣最知名的小吃之一——蚵仔煎登場了。

福建養蚵至少九百年，臺灣養殖從王功開始

臺灣一般說的蚵仔就是牡蠣，因地域差異，在福建、臺灣俗稱為蚵；廣東稱蠔；浙江、山東稱蠣黃；山東以北地區則稱之為海蠣子。此外，又因為養殖方式不同而有不同的名字，插竹養殖稱為竹蚵、垂下養殖稱為吊蚵、投石養殖稱為石蚵。

中國從漢代即有「插竹養蠣」的記載，到了南朝宋，鄭輯之所著的溫州歷史上最早一部地方志《永嘉郡記》，在〈物產三十一、蠣〉中亦記載：「樂城縣新溪口有蠣

嶼，方圓數十畝，四面皆蠣，其味偏好。」北宋詩人梅堯臣的〈食蠔〉一詩中，更描述了插竹圍養牡蠣的生長經過：

> 薄宦遊海鄉，雅聞靜康蠔。宿昔思一飽，鑽灼苦未高。傳聞巨浪中，碨礧如六鼇。亦復有細民，並海施竹牢，採掇種其間，衝激恣風濤。鹹鹵與日滋，蕃息依江皋。中廚烈焰炭，燎以菜與蒿。委質已就烹，鍵閉猶遁逃。稍稍窺其戶，青襴流玉膏。人言噉小魚，所得不償勞。況此鐵石頑，解剝煩錐刀。戮力效一割，功烈纔牛毛。若論攻取難，飽食未為饕。

意為自己是個居住在沿海城市的小官，聽聞了當地的靜康蠔，非常想以其飽餐一頓，但蠔殼不夠厚，耐不住鑽和烤。聽聞在巨浪之中，有殼硬如六個鰲之厚的蠔，並有老百姓在海中插竹做成籠子，於風浪中採收捕撈。在海邊生長的蠔，鹹度與日俱增，與菜與蒿一起用猛烈炭火燉煮，還是緊閉著殼想逃，但從裂縫已能看到，黑殼中流出瓊漿玉脂。人們常說吃小魚是得不償勞，更何況是吃這種如硬石需要錐刀才能打開的東西，好不容易打開一個，卻如牛毛般微不足道。如此難得之物，就算吃得一乾二淨也不算是太饞了。

明代中晚期，福建的牡蠣養殖已發展到一定規模，嘉靖本《惠安縣志》、《雲霄縣志》、《漳浦縣志》等均有蠔丘和蠔埕的記載，根據金門縣政府所做的石蚵歷史研究報告《泉州地區石蚵養殖歷史》，福建插竹圍養牡蠣與石蠣養殖，都至少有九百多年：

> 「福建省插竹養殖分布在閩江口以北，宋代福建省即有插竹養殖牡蠣的記載，明清時期更加廣泛。明代嘉靖年間（一五二二年至一五六六年），福建福寧沿海區域採用插竹養殖，適合養殖褶牡蠣。同一時代鄭鴻圖所著的《業蠣考》系統介紹專業的插竹養殖牡蠣方法。」

臺灣最初的牡蠣養殖是從彰化王功開始，便是由福建省泉州人所帶來，而方式皆為「插竹養蚵」法。一六三九年（崇禎十二年）時，福建泉州有一農民因與人爭灌溉用水引發械鬥，為免遭到報仇，便從福建同安渡海來到彰化的深耕堡下堡庄，即是今日的王功村，從事墾荒、討海、牽罟，之後陸續有閩南移民到彰化一帶，亦將插竹養蠣的技術帶入王功。插竹養蠣的地質大都是軟泥，要騎木製的「泥馬」或乘竹筏去收成，在康熙年間巡臺御史黃叔璥所著的《臺海使槎錄》中便寫道：「蠔，蠣房也，即以為取之之名，用竹二，長丈餘，各貫鐵於末如剪刀，於海水淺處鉤致蠣房。」

至於臺灣最早記載養蚵的直接證據，是一七九四年（乾隆五十九年），在臺南縣佳里鎮建南里金唐殿，按察使司銜福建分巡臺澎兵備道楊廷理曾勒碑石示告，禁止民番私自搭蓋草寮及竹標插界，以杜絕地方漢人與原住民勢力勾結，希圖強占海坪進行圍墾以蓄養蚶、蠔。由金唐殿的碑文可知，在一七九二

圖為插竹養殖牡蠣田，臺灣最初的牡蠣養殖是從彰化王功開始，採用的即是插竹養蚵法，蚵田地質大都是軟泥，要騎木製的「泥馬」或乘竹筏才能去收成。

年（乾隆五十七年）以前，臺南漁民就已經在海邊插竹圍墾養殖牡蠣。

另外根據臺中廳於一九一九年日據時期出版的《臺中廳管內概要》記載：「養蠣業源自二百五十年前，來自對岸地方上的養蠣方法，首先傳入二林支廳轄下的王功庄，接著最初幾年逐漸傳播到各地去。」依此亦能推測，王功地區插竹養蠣的時間，甚至可以回推至一六六〇年代明末清初時期，因此可說王功是臺灣第一個從事插蚵養殖牡蠣的地方，其後又從王功傳播到臺灣各地。

另外，佐藤眠洋在一九三六年編著的《臺灣始政四十年史》中，更記載了臺灣各地牡蠣養殖時間：

臺灣養殖牡蠣業起源自日治前百年（約一七九六年），改隸日治當時，臺北、新竹、臺中（涵蓋目前的臺中、彰化縣）、臺南、高雄等沿海一帶，已經有養殖業的經營。依據舊的記載，王功、北門嶼附近於日治前六十年、淡水河口在日治前五十年，就已經開始了養殖牡蠣。養蚵業是由南往北逐漸普及。

蚵仔煎是端午必吃美食，也是祭天供品

由於要躲過每年的颱風季，臺灣的牡蠣體型都比國外小，必須養殖到八個月左右便採收。養殖牡蠣的地點為潮間帶和河川出口附近，目前臺灣主要的養殖區有彰化王功、雲林臺西、嘉義東石和臺南七股，外島則以澎湖為主要產區，盛產學名黑齒牡蠣的石蚵。

牡蠣常見的吃法有拌蔥花、醋與山葵生吃；做成石蚵麵線；炒絲瓜或做成石蚵煎，不過要能夠生食的牡蠣須養三年才夠大，而且還必須先移到紫外線殺菌過的潔淨海水中，蓄養一陣子後才能夠生食。必須加熱後才能食用的牡蠣，不代表鮮度較差，而是因為直接由海中採收，未經過殺菌程序，但事實上，經過紫外線殺菌蓄養這個程序，反而還會讓生食用牡蠣稍微失去一些鮮（旨）味。

臺灣著名小吃蚵仔煎的起源，是鄭成功的大軍大敗荷蘭人後，荷蘭人一氣之下，將所有米糧都藏了起來，再加上收復普羅民遮城後不久適逢端午節，鄭軍在嚴重缺糧的情況下，沒有米包粽子，只好就地取材，用米漿加番薯粉摻水後，加上當時當

地的食材（豆芽、蚵仔、蝦或豬肉等），加水拌勻後油煎成黃色脆皮的粘糕，即所謂「煎䭔」，俗稱「煎嗲」，有鹹、甜兩種吃法，用以應節，度過他們在臺灣的第一個端午節。由於煎䭔是圓形的，在端午節過後臺灣即進入多雨的梅雨季，農作不調，先民也用此作為節慶祭祀點心，有象徵性補天的意味，祈求風調雨順。

在鹿港，一直到現在，端午節吃的還是煎䭔而不是粽子，更有鹿港民間傳說，說煎䭔是女媧煉石補天的用品，所以在端午節時要吃煎䭔補天。不過，也有一說認為，在鄭成功的故鄉福建南安，煎䭔本就是一種很普遍的民間點心，臺灣蚵仔煎是

臺灣的味道怎麼吃

蚵——炒絲瓜、涼拌生吃都美味

臺灣產、學名黑齒牡蠣的石蚵，除了做成蚵仔煎，還能替代蛤蜊和絲瓜一起炒，若是新鮮度允許，也可以拌蔥花、醋與山葵生吃。能夠生食的牡蠣，生菌數必須在每公克十萬以下，而且大腸桿菌數與腸炎弧菌數都必須為陰性，目前臺灣自產的牡蠣，唯一達到生食標準的是「湧升蠔」這個品牌。

隨著鄭成功大軍和福建、潮汕移民的遷入，帶入了臺灣本土，如今臺灣的蚵仔煎與閩南地區、特別是泉州的蚵仔煎，製作工藝都具有高度的一致性。

蚵仔煎在閩南語系地區（閩南、潮汕）自古有之，是一道常見的家常菜，據傳是一種在貧窮社會之下所發明的一種創意料理，是先民困苦，在無法飽食下所發明的替代糧食，是一種貧苦生活的象徵，在閩南、臺灣、潮汕三地，基本同根同源。

據傳蚵仔煎是因先民困苦、無法飽食下所發明的替代糧食，在閩南、潮汕是一道很常見的家常菜。

5　土魠魚羹，先民的智慧

臺灣四面環海，以海鮮為原料的羹五花八門，魷魚羹、蝦仁羹、花枝羹、土魠魚羹等皆為代表。而在古代，黿（音同元）、蟹、魚等是最早用以入羹的食材。

・黿羹

描述面對美食而食慾大開的成語「食指大動」，說的就是黿羹，其典出於《左傳・宣公四年》：「楚人獻黿於鄭靈公。公子宋與子家將見。子公之食指動，以示子家，曰：『他日我如此，必嘗異味。』及入，宰夫將解黿，相視而笑。公問之，子家以告，及食大夫黿，召子公而弗與也。」

子家（公子歸生）和子公（公子宋）都是鄭國的貴族，某日楚國獻了黿給鄭靈公吃，那天要上朝前公子宋對公子歸生說，如果自己食指跳動，必可吃到美食。後來果然鄭靈公要請大家吃黿羹，因此有了食指大動這個說法。

黿學名 *Pelochelys cantorii*，是鱉科動物中體型最大的一種，主要分布在長江流域及以南地區，雲南、廣東、廣西、福建、浙江等地。《墨子．公輸》中所言：「荊有雲夢，犀兕麋鹿滿之，江漢之魚鱉黿鼉為天下富。」顯示當時南方滿是魚、鱉、黿，以及古稱鼉（音同陀）的中華短吻鱷。黿羹的味道，東漢桓麟在《七說》中說：「河黿之羹，齊以蘭梅。芬芳甘旨，未咽先滋。」形容極為鮮美。

・蟹羹

基隆廟口的吳記螃蟹羹油飯非常美味，每次去總得排上至少半小時，而蟹羹早在周代《關尹子》中就已提到：「庖人羹蟹，遺一足几上，蟹已羹，而遺足尚動。是生死者，一氣聚散爾。」

另外有《鄭康成注》：「謂四時所為膳食，若荊州鮺魚，青州蟹胥，雖非常物，進之孝也。」及《說文解字．肉部》：「胥，蟹醢也。」，其中蟹胥就是蟹醬，古代作法是把蟹搗爛後加鹽和酒醃漬而成。東漢《釋名》：「蟹虀，去其匡，虀，熟搗之，令如虀也。」描寫螃蟹如虀（音同機，指細切的醬菜）一般被切細；北魏賈思勰的《齊民要術》有「蟹藏法」，則是先用糖、後用鹽醃製螃蟹，放入瓦甕中密封數十日後食用。

宋代時食蟹已精，出現了《蟹譜》、《蟹經》、《蟹略》等書籍，著有《蟹略》的宋人高似孫因為太愛吃蟹羹，還寫了《誓蟹羹》一詩：「年年作誓蟹為羹，倦不能支略放行。但是草泥行郭索，莫愁豕腹脹膨亨。酒今到此都空了，詩亦隨渠太瘦生。吏部一生豪到底，此時得意孰為爭。」

• 魚羹

在《吳越春秋》裡，漁夫相助伍子胥渡江的記載中，提到了鮑魚羹：「子胥入船。漁父知其意也，乃渡之千潯之津。子胥既渡，漁父乃視之有其飢色。乃謂曰：『子俟我此樹下，為子取餉。』漁父去後，子胥疑之，乃潛身於深葦之中。有頃，父來，持麥飯、鮑魚羹、盎漿，求之樹下，不見，因歌而呼之，曰：『蘆中人，蘆中人，豈非窮士乎？』」

文中的鮑魚羹，即是以鹹魚作羹。在臺灣，用魚煮成羹的當數土魠魚羹，土魠魚是一種名稱來歷十分難尋的魚種，且在使用漢字的文化圈中，也只有臺灣稱土魠魚。

在講土魠魚之前，我們先看看日本關西的高級食材鰆魚。鰆魚的學名為藍點馬鮫或日本馬加鰆（*Scomberomorus niphonius*），產於緯度較高的溫帶海域，由於是一種春告魚，也就是春天出現、也在春天最好吃的魚，因此日本漢字為「鰆」。在臺灣，同屬的魚有日本馬加鰆、康氏馬加鰆、臺灣馬加鰆、高麗馬加鰆、中華馬加鰆等，其中康氏馬加鰆又稱馬加魚，也就是我們要談的土魠魚，由於身上不是藍點而是橫

土魠魚是臺灣庶民食材，超市裡就能買到，除了煮成羹湯，還能紅燒、乾煎，吃法多元。

紋，因此日本稱其為橫縞鰆（ヨコシマサワラ），臺灣人給牠的「土魠魚」這個名稱，可說是橫空出世。

土魠魚其實應寫做塗魠，《諸羅縣志》：「塗魠，形類馬鮫而大，重者二十餘斤；無鱗，味甚美，自十月至清明，漁者多獲之。」《澎湖廳志》：「泥土即塗魠，黑色無鱗，重者四、五十斤。初冬出，仲春止，味甚甘美，以草繩密扎，咸之載販內地。」，可見**澎湖捕撈到的**

臺灣的味道怎麼吃

土魠魚——臺式、膠東、法式，吃法多元

土魠魚也稱為鮁魚，臺灣最常見作法就是羹湯和乾煎兩種。而我的祖籍山東青島，會做成餃子，稱為鮁魚餃子。此外也有五花肉燒鮁魚、鮁魚燒豆腐、蒜薹燒鮁魚等膠東名菜，和先炸再煙燻的燻鮁魚。我自己的家常作法，除了臺式乾煎和膠東風味之外，也常做先煎後佐牛油、巴西里、檸檬綜合醬汁的法式烹調，亦能賦予土魠魚更多元豐富滋味。

土魠魚，會在醃製後運往中國內地。

關於土魠魚名稱的由來，近年有一說法是，荷蘭統治時期的「國際海洋語言」為西班牙語或葡萄牙語，荷蘭與英國水手習慣以葡語稱鯖魚類的魚為Dorado或Bonito，而有「塗魠」這個名字的說法。然而土魠魚的葡萄牙文為Serra-tigre、西班牙文是Carite estriado Indo-Pacifico，都和土魠魚八竿子打不著關係。因此我傾向傳統的、如已故臺灣魚達人李嘉亮先生的說法，不管土魠或塗魠，正確的寫法和唸法應為「土秃」，其名來自於以前捕撈土魠魚時，土魠魚表皮常被漁網磨破，閩南語稱「磨秃去」，加上破皮部分的魚肉呈土黃色，因而得名。另外一種說法是，澎湖傳統捕撈土魠魚是漁夫牽一條拖著餌魚的粗繩，等待土魠魚上鉤，這種釣法在澎湖稱為「帶」，其他地方稱為「拖」，可能因此把釣法的「拖」字混入「土秃」中，而變成「土托」了。

無獨有偶，最近也有研究指出，土魠魚羹這道臺灣小吃，應和日本的天麩羅一樣，是習自葡萄牙的炸魚，不過事實上，福建沿海早已有乾炸魚條這道名菜，先民將千年歷史傳統的羹與閩菜結合起來的智慧，竟被暗指為舶來品，實在可嘆。

第四章

大清統治兩百年，哪些飲食在臺發光

1 澎湖海戰臺灣易主，薑母鴨的由來

一六八三年（康熙二十二年）農曆六月，福建水師提督施琅在澎湖海戰中，擊潰了東寧王國重要將領劉國軒的艦隊，不久之後位於承天府（今臺南市）的延平郡王鄭克塽向施琅請降，東寧王國正式結束。鄭克塽全家隨後被送往京師，隸屬漢軍正黃旗，受封為「漢軍公」，一七〇七年（康熙四十六年）薨於北京，年僅三十七歲。

有些鄭氏宗室擔心鄭克塽投降後會遭到迫害，從此隱姓埋名，有臺灣「櫻花鉤吻鮭之父」之稱的鄭守讓，就是鄭成功第九世裔孫，其先祖為鄭成功六子鄭寬。附帶一提，臺灣現代詩詩人鄭愁予是鄭成功十一代後裔。

康熙領臺後設置班兵制度，軍官、兵丁等一律從中國內地輪派，不得由臺灣當地徵召，且武職人員三年一換，也不准官員攜眷來臺。此外，臺灣、澎湖併入福建省，最高長官設福建分巡臺灣廈門道，任命周昌為首任道員；再設置「一府三縣」：府治稱臺灣府，屬臺灣縣（約今臺南市），以南設鳳山縣（約今高雄市、屏東縣），以北設諸羅縣（約今嘉義縣以北，不含宜蘭縣、花蓮縣、臺東縣）。

除此之外，清廷還取消了限制對外貿易的海禁政策，不過另外頒布了渡臺禁令，根據一生致力於臺灣研究的人類學家伊能嘉矩整理，禁令有：

一、欲渡航赴臺灣者，先給原籍地方之照單，經分巡臺廈兵備道之稽查，依臺灣海防同知之審驗許之，潛渡者處以嚴罰。

二、渡航臺灣者，不准攜伴家眷，既渡航者不得招致之。

三、粵地（廣東）屢為海盜淵藪，以其積習未脫，禁其民之渡臺。

其中的第二類禁令，以往學界認為，是造成當時臺灣人口男女比例嚴重失衡，以及促成當時移民大都與平埔族原住民婦女結婚的原因，還因此有了「有唐山公，無唐山媽」的諺語。此外，此禁令也被認為導致大量羅漢腳產生，造成當時社會動亂如械鬥等的源頭。什麼是羅漢腳？即是沒有固定住所及妻兒、不事生產的福建來臺男性遊民。據清代編纂的《噶瑪蘭廳志》記載：「臺灣一種無田宅無妻子、不士不農、不工不賈、不負載道路，俗指謂羅漢腳；嫖賭摸竊，械鬥樹旗，靡所不為。曷言乎羅漢腳也？謂其單身游食四方，隨處結黨；且衫褲不全，赤腳終生也。」

但已故的國立臺北大學社會系黃樹仁副教授研究認為，雖然當時確有原漢通婚，但漢人男性真正與原住民女性結成婚的僅是少數，因為以兩方的人口比例來看，原民可婚配的女性遠少於突然大量渡海來臺的漢人男性，而且部落的族群意識強烈，不可能允許那麼多女性族人與漢人通婚。此外，有關漢人男性多於漢人女性的文獻，僅限於拓墾初期，乾隆時期已開放攜家眷一同來臺，也就不再出現男女比例失衡的記載。

而第三類禁令禁止粵地人民渡臺的原因，則是由於廣東人在明鄭年間，屢次協助其海軍對抗清廷，而且當地海盜活動一向頻繁，但在施琅過世後，該禁令即告解除，因此實際上持續的時間甚短。然而，也就在這樣的情況下，發生了臺灣在清朝時三大民變最早的一個——朱一貴事件。

鴨母王起事失敗，後人用薑母鴨祭拜

當時的臺灣移民主要來自福建和廣東，一個依山濱海、山多田少（福建），一個山海交錯（廣東），皆與臺灣一衣帶水，在臺灣謀生相對容易，再加上這兩個省分於明末時就已有強大的人口壓力，在可耕地不足的情況下，促使他們紛紛冒險前往還有許多土地可以開發的臺灣。

雖說在荷蘭人治理臺灣前，漢人已開始在此拓墾，但鄭氏治臺時期，才真正奠立了漢人移民臺灣的基礎。正如第三章所提過的，鄭成功的寓兵於農政策，廣招中國東南沿海地區的人民來臺墾殖，創造出了一個純粹以農業為主的漢人屯墾區。據估計，前後隨鄭氏來臺的漢人約六萬人左右，加上荷蘭時期的移民，總數約十萬以上。

最初的移居模式是春天來臺耕田，秋收後回鄉，原本多為隻身來去，不過後來由於海禁漸嚴，往往不能復往，在臺有田園產業者不願棄之，於是乎就地住居，漸成聚落。然而，在清朝治理臺灣初期，由於明鄭遺民多返回中國大陸，加上清廷實行「禁海封山」政策，使得漢人人口一度較明鄭時期減少。不過到道光年間時，據估計移居臺灣的人口已達兩百五十萬人。

所謂「禁海封山」政策中的禁海，顧名思義就是實施海禁，不允許人民自由來往兩岸。這道禁令其來有自。因為閩粵民兵的穀糧需要取資於臺灣，萬一臺灣人口增加，必然會導致大陸的米糧來源減少，進而造成米價攀升；此外，清廷也擔心來臺者與外國人結交，甚至使臺灣成為海盜基地。而封山則是因保護原住民生存空間，防範反清漢人入山藏匿，發展反清的基地等，為了穩定臺灣內部治安而發展出來的禁令。然而，這些政策，非但無法遏止漢人移臺，反而產生了民變的後遺症。

滿清治理臺灣後第一次大規模閩、客合作的民變，雖名為朱一貴事件，但率先起事的，是廣東省潮州府海陽縣人杜君英。一七〇七年（康熙四十六年）時，杜君英從廣東渡海來到臺灣拓墾，除了租佃田地耕種，同時也替檳榔林（今屏東縣內埔鄉義亭村）的管事向佃戶們收田租，卻被誣告私砍他人山林樹木，遂逃至檳榔林躲藏。

當時臺灣知府被彈劾虧空官銀，為彌補財政上的漏洞，便巧立徵稅名目，讓農民苦不堪言。當年臺灣又逢大地震，民眾為了求神而合請戲班唱戲，竟被「無故結拜」之罪名逮捕，之後又逮捕兩百多名入山砍竹子的鄉民，威脅若不繳款就要驅回大陸原籍，農民們在忍無可忍的情況下，勸說已因私砍樹木被通緝的杜君英豎旗起事。另一方面，位在鴨母寮（今高雄市內門區光興里）的鴨農朱一貴，也起事對抗知府，並且因與明代皇帝同姓朱，而被擁立為「元帥」。

杜君英與朱一貴兩方勢力，一開始還通力合作，但終究還是產生了矛盾。朱一貴的部眾以福建漳、泉二府為主，而杜君英集團除了漳、泉墾民，還包含講潮州話的廣東潮陽、揭陽、海陽墾民與客籍傭工，兩方因權力分配不公而起爭執。此外，杜君英集團也內鬨，閩籍將領倒戈投向同為福建人的朱一貴，整個起事集團分裂成講閩南語的福建籍墾民，和使用潮州話的廣東籍墾民兩股勢力，而形成閩、粵對立。其後，杜君英在清廷的勸誘下投降，之後清軍攻下府城，朱一貴向北退走至溝尾莊（今嘉義縣太保市），最後仍然被擒，大清軍亦藉此事展開掃蕩，徹底拔除南明殘餘軍隊。

現在**高雄市內門區的光興里，就是朱一貴發跡之處。由於他二十五歲自家鄉漳州長泰縣來臺謀生時以養鴨為業，因此人稱「鴨母王」**。傳說中，鴨母王為人豪爽好客，不但能指揮群鴨布陣，而且每隻母鴨生的蛋都有兩顆蛋黃。現在光興里的「鴨母寮」，據說就是他當年居住養鴨的地方，當地有一主祀媽祖的興安宮，左邊神龕即供奉鴨母王朱一貴，香火鼎盛，更有信眾帶薑母鴨來祭拜。

薑母鴨原是肝硬化的藥方

一八八八年（光緒十四年）臺灣建省後，臺北知府稟請纂修的《臺灣通志》中，有關於當時臺灣番鴨的記載：「番鴨，大如鵝，足微細，兩頰紅如雞冠。雄者色更赤，蓄之常飛去；人每載入內地，然褷褷唼唼無足充玩。」

所謂番鴨，就是薑母鴨所使用的、學名為疣鼻棲鴨（*Cairina moschata*）的紅面番鴨，這種原生於南美洲的鴨種，約在三百年前由西班牙人引進臺灣，在生物分類學上與一般的家鴨不同屬，也不同種。家鴨是由綠頭鴨（*Anas platyrhynchos*）馴化和飼養而成的品種，綠頭鴨分布於北半球的寒帶和溫帶，為河鴨屬（*Anas*，也稱鴨屬），是一種「涉水鴨」（Dabbling duck），指的是在水面覓食，但不會潛入水中的鴨；而紅面番鴨則為棲鴨屬（*Cairina*），因為棲息於潮溼林地，營巢於樹洞內，藉助具長爪的趾棲於樹枝上而被稱為棲鴨。以體型來說，棲鴨要比河鴨來得大，成鴨的體長可達七十六公分，而河鴨則為五十至六十五公分。

薑母鴨一詞最早見於一九六八年《聯合報》的冬令進補報導中，但要一直到一九八一年，出現專賣薑母鴨的餐廳「帝王食補」後，才漸漸轉變成了一種火鍋菜餚，並為大眾接受和喜愛。

帝王食補的創辦人田正德，是出生於新竹眷村的山東人，原本是個生意人，卻在二十六歲因為應酬喝酒過多，而被檢驗出了肝硬化。他為了治病到處求醫問診，從一位從上海來臺的中醫師求得藥方，要搭配家禽燉煮，他母親選擇了紅面番鴨，沒想到這味藥方果真讓他恢復

臺灣的味道怎麼吃

薑母鴨——麻油和米酒才是靈魂

若要吃薑母鴨，「霸味薑母鴨三重總店」很值得一嘗，店裡選用的是雲林北港老牌的麻油，而薑母鴨的靈魂其實不是薑母或鴨，正是麻油和米酒，其中「紅標米酒」不但在許多的臺菜中不可或缺，更深深植入了薑母鴨的味覺分子之中。吃薑母鴨的老手，會先斟上半碗紅標米酒，再以一比一的比例澆入鍋中的熱湯，那一口下去，可謂通體舒暢。

了健康，他便發明的薑母鴨這道菜。

薑母鴨，顧名思義，是老薑與鴨的結合，而這也正體現了臺灣本土火鍋的食補元素，因為老薑是溫補不可或缺的要角，這也使得老薑在用量需求大的秋冬，價格可以比夏天貴一倍。而薑母指的就是老薑，更精準一點的說，老薑是指栽種時間長達十個月，薑肉開始纖維化、辣度很高的薑，若是老薑一直不採收留到隔年，才與新生成的嫩薑一併採收，才稱為薑母。至於為何選用番鴨，而不是口感更嫩的綠頭鴨？這是因為綠頭鴨的脂肪含量較高，但臺灣人偏愛瘦肉多、適合長時間燉煮的品種，就必須選用肌肉較結實的公鴨。

辣度高的薑母，與耐燉煮的番鴨，結合成臺灣本土食補菜品薑母鴨，是從上海中醫師治療肝硬化的藥方而來。

2　二十五種蔬菜自對岸傳入

在荷蘭人殖民統治臺灣前，原住民主要食用的蔬菜，都是長在枝頭上、結在藤蔓，或是埋在土中的各類果實和野蔬，直到**荷蘭統治時期，才從印尼爪哇引進豌豆、甘藍、茴香等，臺灣的蔬食開始逐漸豐富多元**。根據康熙初年所編纂的《臺灣府志》，可推知鄭氏時期引進臺灣的蔬菜有四十一種，主要來自華南地區；到了清代，自大陸傳入的蔬菜種類又更豐富了，直至一八九五年（光緒二十一年）時編纂的《恆春縣志》為止，共有辣茄、紅菜、油菜、番芥藍、蘿蔔菜、萵菜、角菜、雞啄菜、薺菜、葛薯、菰、蘿蔔、白花菜、木耳等二十五種蔬菜引進臺灣。

一六八五年（康熙二十四年），由首任臺灣府知府蔣毓英與諸羅知縣季麒光、鳳山縣知縣楊芳聲共同起稿編纂的《臺灣府志》，有沿革、敘山、敘川、物產、風俗、歲時、戶口、官制、人物、古蹟等十卷，其後雍正、乾隆及道光年間陸續修訂增補，其中卷十七為物產（一）：五穀、蔬菜、貨幣、金石；卷十八為物產（二）：草木、鳥獸、蟲魚。

一八八八年（光緒十四年）臺灣建省後，因《臺灣府志》百年未修，因此一八九二年八月，臺北知府陳文騄與淡水知縣葉意深，向臺灣巡撫邵友濂建議纂修通志，並呈「纂修通志設局事宜」六條，內容為設局、籌款、分職、購書、求才、製器。十月六日，邵友濂飭開「臺灣通志局」開始修志，臺灣布政使唐景崧、分巡臺灣兵備道顧肇熙任監修；陳文騄任提調，後由王國瑞接任、淡水知縣葉意深為幫提調；舉人蔣師轍為總纂，後由薛紹元接任；王國瑞、薛紹元為纂修。十一月九日，唐景崧下令各州廳設立採訪分局，並頒發修志事宜十四條。當各地分局相繼完成「采訪冊」的修纂，通志總局除彙整各采訪冊外，也搜羅臺灣的各種舊志、私家文集、官方檔案等，作為編纂之參考。

通志局於一八九五年因臺灣割讓日本而解散時，已完成大部分的志稿內容，為免割臺後志書散佚，將志稿題名為《臺灣通志》。清廷割臺後，稿件多散佚，存在臺灣者皆為片段。一九〇七年（明治四十年）日本駐福州領事館得知原稿藏在廈門，臺灣總督府乃於一九〇八年以日幣一百五十元購得原稿，收藏在總督府圖書館。現存稿件四十冊，不分卷，第一冊至十八冊為疆域、物產、餉稅、職官、選舉、列傳；第十九冊至二十冊為《臺東州采訪修志冊》；第二十一冊為雜識類；第二十二冊為資料與部分志稿，目前已出版的《臺灣通志》篇幅僅只於此。第二十三冊以下皆為修志所需的存錄資料。

《臺灣通志》說稻米，從宋代開始

在《臺灣通志》之分類中，〈物產〉分為〈五穀類〉、〈蔬菜類〉、〈草木類〉、〈鳥獸類〉、〈蟲魚類〉、〈雜產類〉，〈五穀類〉又分為〈稻之屬〉、〈麥之屬〉、〈黍之屬〉、〈菽之屬〉，其中〈稻之屬〉與〈黍之屬〉皆為穀類。〈稻之屬〉中第一個提到的早占穀，在《鳳山縣志》中稱為早尖，載道：「有赤、白二種。粒小早熟，種於二、三月，成於六、七月，田中種之。」早占穀即為占城稻，占城是今分布於柬埔寨東部、越南中南部的占人，於今越南中部地區建立的古國，至一四七一年被越南後黎朝瓦解成多個土司自治領地，一八三二年被越南阮朝改土歸流吞併滅國，由於在宋代之前由占城傳入中國，故名為占城稻。

林邑是占婆第一王朝到第四王朝的國號，北宋王溥撰、成書於九六一年（宋太祖建隆二年）記錄典章制度的書籍，專門記錄唐代的政治、經濟、文化等各項政制沿革的《唐會要》卷九十八《林邑國》中，所載之「以二月為歲首，稻歲再熟」，是林邑有早熟稻最早的記錄。

在《宋史》中，有著最早占城稻引入中國的正史記載：「大中祥符五年（一〇一二年）五月戊辰，帝以江、淮、兩浙稍旱即水田不登，遣使就福建取占城稻三萬斛，分給三路為種，擇民田之高仰者蒔之，蓋早稻也。內出種法，命轉運使揭榜示民，後又種於玉宸殿，帝與近臣同觀，畢刈，又遣內侍持於朝堂示百官，稻比中國者穗長而無芒，粒差小，不擇地而生。」此外，在《宋會要輯稿》中，對占城稻則有如下的記載：「大中祥符五年五月，遣使福建州，取占城稻三萬斛，分給江淮、兩浙三路轉運使，並出種法……。」《國朝會要》亦載：「大中祥符五年，遣使福建取占城禾分給江淮、兩浙漕，並出種法，令擇民田之高仰者，分給種之。」由此可得知，占城稻最先是傳入福建，然後再分給江淮與兩浙。

皇帝欽點應付旱災，讓人口突破一億大關

占城稻是在當朝皇帝親自組織和參與下引進和推廣的，其由來在宋代羅願《爾雅翼》中有「始自占城國有此種（指占城稻）」的記載。此國早在宋太祖在位時便與北宋政權保持著密切往來，例如在九六六年（北宋乾德四年）就有「占城國遣使來獻」的記載，後來便以原產地名稱來命名這個稻作新品種。

關於占城稻的引進，北宋成書的《湘山野錄》中說：「真宗深念作物穡，聞占城稻耐旱，西天綠豆，子大而粒多，各遣使以珍貨求其種。占城得種二十石，至今在處播之。……秋成日，宣近臣嘗之，仍賜占稻及西天綠豆御詩。」由此看出，當朝皇帝宋真宗是聽聞這種水稻品種具有耐旱特性，才以珍貴物品求取這一稻種，說明當時

社會存在著對耐旱水稻品種的迫切需求。

《宋史》記載，宋真宗因為「江、淮、兩浙稍旱即水田不登，遣使就福建取占城稻三萬斛」，分給「江、淮、兩浙」三路，「內出種法，命轉運使揭榜示民」、「令擇民田之高仰者蒔之」。這裡的「民田之高仰者」，指的是種植在山區或平原地區的低山淺坡，以及地勢較高的地方，並且具備了一定灌溉條件的稻田。可見宋真宗推廣占城稻的原因，正是為了應付「稍旱，即水田不登」的情勢。他先把換得的二十石稻在福建試種，再從福建取三萬斛稻種，推廣到浙江、江西、江蘇、安徽等地。為了推廣成功，也依照良種、良法的要求，告知農民有關占城稻的具體栽培方法。

兩浙、江淮及福建的大片區域以丘陵山為主，自北宋立國以來，隨著經濟重心逐漸南移，這一大片地區的人口迅速攀升，人地矛盾越顯突出，因而出現了「田盡而地，地盡而山」的局面。高田在這一背景下得以迅速增長，除了號稱「八山一水一分田」的福建「田多高仰」外，江南、兩浙等區域也都有大面積的高田分布，江西甚至是「良田多占山岡上」，這些地區的糧食生產，高田開始占據重要地位，然而開發高田固然可以增加耕地面積，但也因灌溉不便，在平常年分時也「易以乾旱」。

在占城稻被推廣後不久，江南、江淮，乃至整個東部地區，均相繼進入兩宋時期一個持續時間長且程度嚴重的氣候乾旱期。由於占城稻耐旱能力強，在持續的乾旱環境中，宋人繼續選擇把它作為應對氣候乾旱的方式。也因為占城稻的廣泛種植，讓宋代突破了一億人口大關，從北宋一直到清代，長江流域的大量占城稻通過運河運往北方，也在清朝來到了臺灣。

越南來的稻，是原民釀酒最佳材料

占城稻在臺灣的記載，有出現於《鳳山縣志》中的埔尖穀：「埔尖，殼白、米赤、皮厚，種於三、四月，成於八、九月，園中種之。釀酒尤佳。」埔尖穀是傳統旱稻中最常見的一種，粒較小而尖，呈紅色，天性耐旱，可在貧瘠地上成長，因多種於荒埔中而得名，這種米不只是原住民族的主食，更是釀酒的最佳材料。此外還有圓粒旱，亦為旱稻的圓粒穀。

還有《臺灣通志》所載的尖仔穀：「純白者佳，諸稻中極美者。種於五、六月，成於九、十月，田中種之。皮厚而堅，可以久貯，有赤、白二色。」顧名思義，尖仔穀是一種米粒較尖的旱稻，這種旱稻稻殼相當厚且硬，在原住民社會中，是一種較適合貯藏的米，因此相當受歡迎。尖仔穀的米分為紅、白兩色，白色的細軟好吃，紅色的則因較粗而少人種之。

占城稻在臺灣的記載，有《鳳山縣志》的埔尖穀，是最常見的傳統旱稻；《臺灣通志》的尖仔穀，是另一種米粒較尖的旱稻。

臺灣當時亦有香米，即《鳳山縣志》中描述的過山香穀，形容：「粒大倍於他米，極白，用少許雜他米，炊盡香美。」在《淡水廳志》則稱：「一名香米，桃仔園有之。」此外也有糯米，分別於《彰化縣志》與《噶瑪蘭廳志》可見記載，《噶瑪蘭廳志》：「糯米，即秫米。」《彰化縣志》：「糯稻，粘稻也。水田多種之，有高足卑足之殊；可釀酒為粢，蒸熬餳。」「粢」唸「ㄗ」時泛指穀物；唸「ㄐㄧˋ」則指麥豐開花，異粵、閩而同於齊、魯，故特美。然少種，價數倍於穀。番麥、番人種之，美亦遠遜常種（「臺灣縣志」）。

蘆黍，俗名薯黍「寧化志」云：蘆粟高與黍等，葉如蘆，粒差大於黍、色赤，有二種：黏者可和秫作酒；不黏者可作糕煮粥。黔、蜀間名高粱（「諸羅縣志」）。

黑黍，舊志作薯黍，卽秬黍，一名蘆黍，西北方名高粱（「鳳山縣志」）。邵氏曰：秬秠爲黍，黍卽高粱，一稃二米，勢若相背而實相承。去其黑稃，二米卽見，他穀所無也（「噶瑪蘭廳志」）。

高粱，俗名蘆黍，「本草」名蜀黍；春種夏收，莖高丈許，狀似蘆荻而內實。穗大如帚，粒大如椒。有紅、白二種，稍可作帚；莖可爲薪。澎人以供半歲糧（「澎湖廳志」）。

鴨蹄黍，穗似鴨蹄，故名。釀酒甚美（「臺灣府志」）。俗名黃小米，性與糯米同（「澎湖廳志」）。釀酒能祛風（「彰化縣志」）。

番黍，穗似鴨蹄黍，摘穗去皮，可作粿品（「鳳山縣志」）。

番蘆黍，穗大六、七寸，粒亦大，俗名番黍（「澎湖廳志」）。

桶鈎黍，與番黍同，低穗屈曲如鈎（「鳳山縣志」）。

狗尾黍，穗長如狗尾，卽北方小米；俗呼稷仔，番多種食（「淡水廳志」）。

稷，有黃、白二種，俗呼爲粟（「鳳山縣志」）。

臺灣通志　五九

《臺灣通志》統整了鳳山、彰化、澎湖、淡水、噶瑪蘭等地方志對於稻作的記載，包括亦稱高粱的蘆黍、因形狀而得名的鴨蹄黍、北方稱小米的狗尾黍等。

酒；唸「ㄘ」指粢飯，也就是臺灣現在稱的糯米飯糰，在《彰化縣志》中應是指酒；餳（音同形）為變軟之意。

〈黍之屬〉中的蘆黍、黑黍、高粱指的都是高粱。《諸羅縣志》載：「蘆黍，俗名薯黍《寧化志》云：蘆粟高與黍等，葉如蘆，粒差大於黍、色赤，有二種：黏者可和秫作酒；不黏者可作糕煮粥。黔、蜀間名高粱。」便是說明貴州與四川一帶稱蘆黍為高粱。《鳳山縣志》中則曰：「舊志作薯黍，即秬黍，一名蘆黍，西北方名高粱。」《噶瑪蘭廳志》中則寫道：「邵氏曰：秬秠為黍，黍即高粱，一稃二米，勢若相背而實相承。去其黑稃，二米即見，他穀所無也。」《澎湖廳志》中則指出蘆黍就是高粱的俗名：「高粱，俗名蘆黍，《本草》名蜀黍；春種夏收，莖高丈許，狀似蘆荻而內實。穗大如帚，粒大如椒。有紅、白二種，稍可作帚；莖可為薪。澎人以供半歲糧。」

還有形如鴨蹄而得名的鴨蹄黍，也稱作黃小米，在《臺灣府志》中有「鴨蹄黍，穗似鴨蹄，故名。釀酒甚美。」、《澎湖廳志》有「俗名黃小米，性與糯米同。」等紀錄。另一種狗尾黍則是北方所稱的小米，《淡水廳志》記載：「狗尾黍，穗長如狗尾，即北方小米；俗呼稷仔，番多種食。」《鳳山縣志》則曰：「稷，有黃、白二種，俗呼為粟。」

至於近來流行的五穀米和十穀米，都是米搭配其他穀類的養生食品，所添加穀物皆是廠商自行調配。五穀在農業時代，所指的是稻、黍、稷、麥、菽，現代則成了混合多種全穀雜糧的統稱，全穀物包括糙米、小麥、玉米、燕麥、大麥、裸麥、高粱、小米、薏仁、野米、蕎麥、藜麥等，而常使用的雜糧，則有紅豆、綠豆、花豆、鷹嘴豆等。

3 番薯怎麼來？老芋仔培育的

古書中提到的麥種類，要比稻少得多，主要講述大麥、小麥、蕎麥，《臺灣縣志》：「大麥，立冬種、清明收。」《淡水廳志》：「小麥，有二種：曰怕燒，八、九種，二月成。曰深根，十二月種，三月成。」《彰化縣志》：「大者為麰、小者為麥，秋種、冬長、春秀、夏實，具四時中和之氣。小者可以磨棄，大者亦可作食。」麰音同謀，就是大麥。

〈諸羅縣志〉中提到了蕎麥：「蕎麥〈一作荍麥〉，實三稜而色微黑。秋花、冬實，粒亞於麥棄，俗謂能去冷汗。」《彰化縣志》亦云：「嬰兒有疾，每用蕎麥棄少許，滾湯沖服，立瘥。謂能解肌祛熱也。」《臺灣府志》中的番麥不是麥，是玉米：

「番麥，狀如黍，實如石榴子，一葉一穟；一穟數百粒。」《諸羅縣志》解釋道：「熟則色黃，煨食頗香美，此非麥屬，姑名之耳。」

另外，清巡臺御史黃叔璥所著《臺海使槎錄》，第三卷的《赤嵌筆談》中亦載：「麥有大麥、小麥；而小麥最佳。南方麥花多開於夜，臺則如北地。然食多亦不覺熱，麥米夜間開花，居民多不食。蕎麥種植亦少，嬰兒有疾，每用面少許滾湯沖服，立瘥；謂能解肌袪熱。間有為飯者。」表示小麥品質較大麥為佳，而蕎麥粉用開水泡開後，可以用以治療生病的幼兒。

一六八七年（康熙二十六年），臺灣府儒學教授林謙光所著之《臺灣紀略》：「南路地熱，二麥不宜；北路稍寒，可以種麥。三月告成，與淮北各省麥秋迥異。」臺灣南部不宜種麥，北部雖然可以，但也與淮以北各省所種出的不同。同樣的論述也見於清代書法家朱景英所著、內容講述他在臺灣為官三年之見聞的《海東札記》，書中說明臺灣南部不宜種麥，北部種麥則是三月可收：「南路地熱不宜麥；北路種者甚多，三月可收，不待麥秋也。小麥開花，北地以晝、南方以夜。臺麥如北地，故其性最良。」《臺灣縣志》中則描述臺灣種的麥與粵、閩不同，但和山東一樣，量少而價昂：「麥晝開花，異粵、閩而同於齊、魯，故特美。然少種，價數倍於穀。番麥、番人種之，美亦遠遜常種。」

臺灣番薯品種多，最甜的才能叫「地瓜」

在〈黍之屬〉中，篇幅最多的就是地瓜，首先可以看到《澎湖廳志》中說的：「地瓜，俗名番薯，薯生；瘠土、沙地皆可種。有文萊薯、朱薯、黃梔薯、金薯。澎人遍地皆種，穫而切片，或鑢成細絲，晒乾；謂之薯米。其藤可飼牛羊，可為薪。」《鳳山縣志》亦有記載：「皮有紅白二色，結實在根，瘠土沙礫之地皆可種。」；《臺灣府志》則說：「生熟皆可食，亦可釀酒、作粉；又有文來薯，皮白、肉黃而鬆，種出文來國。」

《諸羅縣志》描述了地瓜的食用方式：「番薯〈一名甘藷〉，切片晒乾以代飯充糗，荒年人賴此救饑。或去皮磨之，曝為粉。」《噶瑪蘭廳志》中則說，番薯中最甜的才稱為地瓜：「番薯另一種，皮白而帶黑點，乃地瓜中之最甜者，名文來薯，一名金薯。」

臺灣的地瓜進口自不同國家，但像是《臺海采風圖》與《赤嵌筆談》中，皆稱某品種的地瓜來自汶萊。《臺海采風圖》載：「番薯結實於土，生熟皆可噉。有金姓者，自文萊攜回種之，故亦名金薯。」《赤嵌筆談》則云：「薯長而色白者，是舊種；圓而黃赤者，得自文萊國。」顯示當時品種繁多。

而由「金門文人」林豪編纂，一八九四年（光緒二十年）正式刊行的《澎湖廳志》中，我們可以得知，早在明朝萬曆年間，地瓜就已經開始於澎湖種植：「澎人以地瓜為終歲糧，故入於穀類。何喬遠《閩書》云：皮紫味甘，可生熟食，亦可釀酒。自明萬曆甲午歲荒，巡撫金學曾從外國　種歸，教民種之，後乃繁衍。」

番薯都是混血兒，芋頭更早來臺灣

現在臺灣所見的地瓜，是荷蘭人統治臺灣時，由福建移民帶入，經過幾番栽種培育而成的，不過一六二三年荷蘭人的調查紀錄顯示，早在荷蘭人來臺之前，島上就已普遍生長野生番薯；一六六二年鄭成功統治臺灣後，便開始就地開墾種植番薯，以此暫時替代米糧。

由於臺灣的地理輪廓形似番薯，所以在日據時代，有些到中國大陸的臺灣人自稱「番薯囝仔」，而且早在漢人剛來臺灣時，就已經以番薯作為主食。由於當時漢人拓墾經常欺騙侵占原住民的土地，因此原住民常以放屁的聲音「噗」來嘲笑漢人，因為吃了番薯籤摻米而常放屁。

把本省人稱為「番薯」，外省人稱為「芋仔」，則是源自臺灣光復後的軍中，由於本省兵與外省士官因為語言與習慣隔閡而來的說法。然而，有著濃厚臺灣意識的番薯，非但不是臺灣原生，芋頭更是比番薯還早在臺灣土地上生根，現在臺灣番薯的各大品種，皆是來自於各國的混血，最常食用的兩個品種，還是由兩個外省「老芋仔」所育成。

一九〇七年，當時的研究人員從中國、日本、美國、印尼的爪哇和婆羅洲引進了六十四種品種進行馴化，到一九二二年之前，臺灣栽培面積最多的，是從沖繩來的白和蘭，南北則各有其明星品種，北部和東部的為號稱七十日就可收成的七十日早，中南部地區則是臺農三號、十號、青心尾與嘉義種。

臺灣在一九二二年開始做番薯的人工育種，將已選出的白和蘭、仲西力池、七十日早等品種與新引進的外來種雜交，選出了「臺農一號」這個品種，之後的二十多年臺農一號到四十二號陸續誕生，推廣給農民種植，其中又以臺農三十一號種植最廣。

現今臺灣最常食用的番薯品種臺農五十七號及六十六號，分別是由留美學者王俠和流亡學生李良所育成。一九五〇年時，時任嘉義農業試驗分所技士的王俠，以臺農二十七號與美國品種南瑞苕（Nancy Hall）雜交，試驗五年後選出黃皮黃肉的臺農五十七號，如今中南部種植最多，也是全臺產量最高的品種，面積超過五千公頃。

紅皮紅肉的臺農六十六號，則是在

現今臺灣常吃的番薯臺農 57 號（中）及 66 號（右），都是由外省「老芋仔」所育成。

一九七三年由同樣任職於嘉義農業試驗分所的李良，自多向雜交選出，在一九八二年正式命名，現今為中北部種植最多之品種，以金山為主要栽種地，種植面積亦超過五千公頃。而在臺農六十六號之前，李良便已在一九六六年育成黃皮紅肉的臺農六十四號，香味、口感和甜度都勝於臺農五十七號，由於育成後以南投竹山為主要產地，因此也稱為竹山種番薯。

包括臺農五十七號、六十六號、六十二號、六十四號等，都是以吃塊根為主的番薯，市面上常吃的地瓜葉，另有葉菜用的臺農七十一號和桃園二號為主。臺農七十一號是於一九九二年自番藷多向雜交集團中選出，現今為最主要的葉菜番薯品種；桃園二號則是由桃園區農業改良場於一九九八年所育成。

4 土豆不土，明代「落」臺成花生

土豆在臺灣指的就是花生，《諸羅縣志》載：「土豆，即落花生，出西國；蔓生，花微黃，花有心絲，謝入地，結實一房可二、三粒。用充果品，或以榨油。」《淡水廳志》說它：「形如莢豆，一莢三、四子，惟宜沙土。《本草》：辛能潤肺，香能舒脾。澎人植此尤多，用以榨油；其渣為圈，可糞田；籐可為薪，可飼牛羊，利尤溥焉。北方名長生果，冬月收實。」

花生的原生地在南美洲安第斯山脈以東，現在阿根廷的胡胡伊省還生長有野花生，據近年的考古發現，在四千年前的秘魯就有了人工栽培的花生，到十五世紀末哥倫布來到美洲時，花生已大量種植於南美的巴拉圭、烏拉圭、巴西、阿根廷等地。

在哥倫布發現美洲大陸之後，花生與玉米、四季豆等，在同一時期通過多條路線向舊大陸各地傳播。十六世紀初首先在西班牙種植，再傳播到其他地方，歐洲文獻中最早的花生記載，見於西班牙著名史家費爾南德滋·德·奧維耶多（Fernández de Oviedo）的《印度群島自然史概述》（*De la natural hystoria de las Indias*），但書中僅記述當時南美洲已種植花生，西班牙語稱之為mani，要一直到一五七〇年左右，葡萄牙的植物學家才首次詳盡描述了花生的植株、栽培和加工。然而，花生當時僅在部分歐洲國家的宮廷作為觀賞植物，直到一六四〇年被用來榨油之後，才開始在歐洲廣泛種植，歐洲才對花生有明確一致的認識，是在一六九三年出版的《美洲植物志》中，而用於商業化的生產則要到一七一二年了。

花生又叫長生果，曾是食用蔬菜

我們已經知道清代將花生引入臺灣種植。接下來我結合四川大學世界史系教授張箭所著的〈論美洲花生、葵花的傳播和對中國飲食、文化的影響〉，和中國陝西省教育廳所做的研究成果〈作物的故事——一花一落一世界：花生何時「落」入中國？〉兩文的資料，來試圖找出花生傳入中國的時間。

一五〇三年（明弘治十六年）時編纂的《常熟縣志》，常被認為是花生在中國種植最早的文獻記載：「落花生，三月栽，引蔓不長，俗云花落在地，而子生土中，故名，霜後煮熟可食，其味絕美。」至於是在中國的哪個地區，則有嘉靖年間進士王世懋記錄：「香芋，落花生，產嘉定。落花生尤甘，皆易生，物可種也。」同時期的舉人黃省曾亦寫道：「又有皮黃肉白，甘美可食，莖葉如扁豆而細，謂之香芋。又有引蔓開花，花落即生，名之曰落花生。皆嘉定有之。」

十八世紀中葉之後，臺灣全島都栽種及販售花生，而榨油所獲的利益甚大，甚至成為臺灣當時主要輸出品之一。

兩人都提到的嘉定，位於現今上海市境內，由此可知中國最早對花生的明確記載，都是在東海沿岸地區，也由這些文獻中發現，因為花生是在地下結果實，所以最初人們把它歸入芋類，稱為「香芋」。

不過，〈作物的故事——一花一落一世界：花生何時「落」入中國？〉一文，對於花生傳入中國的時間推算持保留態度，認為「從時間來看，《常熟縣志》於弘治十一年開始纂修，隔年春天完成，並且纂者『旁搜典記，近取見聞，詢遺老以正舛訛，委文士以司考校』，但將花生歸類為當地蔬菜。」當時哥倫布才發現美洲十餘年，葡萄牙人還沒到斯里蘭卡和馬六甲（一五〇五年到斯里蘭卡，一五一一年到馬六甲），為西班牙效力的葡萄牙人麥哲倫（Ferdinand Magellan）更是一五二一年才到菲律賓，歐洲人都還沒來到亞洲，吳淞一帶的花生是怎麼來的？加上花生被記載為當地土產，表示在編纂《常熟縣志》之前已經種植相當長時間，另外再從縣志的內容來看，花生與白菜、芥菜、烏菘菜、四月臺、甜菜、蘿蔔、韭菜等同被列為食用蔬菜，但又註明其有「蔓生」、「霜後煮熟可食，其味絕美」的生物特性，與芋類作物相似，實在讓人困惑。

不過，在活了一〇六歲、生於南宋度宗年間、卒於明朝太祖年間的賈銘所著之《飲食須知》卷四中，有著「落花生味甘微苦，性平。形如香芋。小兒多食，滯氣難消。近出一種落花生，詭名長生果，味辛苦甘，性冷，形似豆莢，子如蓮肉」的記載，其中提到的長生果，又的確是花生的俗名。

那麼，花生究竟在何時傳入中國？我們知道，十五世紀至十七世紀大航海時代的葡萄牙人、西班牙人和荷蘭人，已與東南亞諸國以及中國東南沿海地區的商人進行貿易往來，在商業交流中，花生主要經由海路自東南亞首先傳入廣東、福建、浙江等沿海地區。於一六四三年（明崇禎十六年）初稿始成、由方以智所撰之《物理小識》卷六飲食中，對花生有了明確的描述：「番豆，一名落花生，土露子，二三月種之，一畦不過數子，行枝如瓮菜，虎耳藤，橫枝取土壓之，藤上開花，花絲落土成實，冬後掘土取之，殼有紋，豆黃白色，炒熟甘香似松子味……生啖有油，多吃下泄。」「嶺南三大家」之一，有「廣東徐霞客」美稱的屈大均，在他成書於一六七八年（康熙十七年）的《廣東新語》中，對花生有著更為鉅細靡遺的書寫：

落花生，草本蔓生。種者以沙壓橫枝，則蔓上開花，花吐成絲，然成絲而不能成莢。其莢乃別生根莖間，掘沙取之，殼長寸許，皺紋，中有實三四，狀蠶豆，味甘以清，微有參氣，亦名落花參。凡草木之實，皆成於花，此獨花自花而莢自莢，花不生莢，莢不蒂花，亦異甚。予有贊曰：『爰有奇實，自沙中來。以花為媒，不以花為胎。花生於蔓，子結於荄。香如松子，一莢數枚。和中暖胃，乃豆之魁。』粵多藤族，故凡草之蔓皆以為藤。藤菜者言其蔓柔如藤，非藤之菜也。落花生其蔓亦白藤，花生藤上，一花落土生一子，故曰落花生。以土為胎，故有暖胃之益。

照明燃火、調製菸草，最佳工業原料

臺灣的落花生大約於明代萬曆年間（約一五七二年至一六二〇年）由閩粵傳入，在荷蘭據臺時代的一六四六年《熱蘭遮城日誌》中，描述了當時阿姆斯特丹農場（今臺南市永康區）的落花生種植，這是臺灣對於落花生的首次記錄；到鄭成功時期栽培面積逐漸增加，十八世紀初期，花生已成為臺灣普遍種植的農作物。

進入清廷統治時期後，花生的普及和利用更為多元，乾隆年間在廣東當官的檀萃所著之《滇海虞衡志．志果》載：「落花生為南果中第一，其資於民用者最廣。宋元間與棉花、蕃瓜、紅薯之類，粵估從海上諸國得其種歸種之。呼棉花曰吉貝，呼紅薯曰地瓜，落花生曰地豆，滇曰落地松。」我們可以由上述的「為南果中第一，其資於民用者最廣」得知，當時至少在中國南方，花生已成為主要的乾果零食和菜肴。

清代的臺灣，由於可耕地多，自中國大陸引進許多作物種植利用。《康熙臺灣府志》有「菽之屬……落花生，即泥豆，可作油。」的記載，顯示臺灣當時率先利用花生加工榨油食用。到了《乾隆臺灣府志》則載：「土豆，即落花生。蔓生花開黃色，花謝於地即結實，故名。一房三四粒。堪稱果品，以榨油，可代蠟。北方名長生果。」《臺海使槎錄》卷一至卷四的《赤嵌筆談》曰：「田中藝稻之外，間種落花生，俗名土豆，冬月收實。充衢陳列，居人非口嚼檳榔，即啖落花生。童稚將炒熟者用紙包裹，鬻於街頭，名落花生包。」

可知到了清乾隆年間，花生除了榨油，亦有人似嚼檳榔般的生啖，或炒花生米在街頭賣，且除了食用之外，還有另一用途是當作照明燃火用，這可由一八三六年周璽著的《彰化縣志》中「接陌連阡看落花，油車賴此利生涯。調羹普濟通商旅，燈火輝煌照萬家」略見一斑，可見花生當時已完全融入臺灣人的飲食與生活。

十八世紀中葉之後，臺灣全島都栽種及販售花生，而榨油所獲的利益甚大，甚至成為臺灣當時主要輸出品之一。到日據時代初，花生栽培面積已甚可觀，據一九〇〇年（民國前十二年）的記載，栽培面積已達一萬一千五百九十八公頃，栽培的品種多自大陸引進。

到了日據時期，花生油在臺灣還有另一特殊用途——調製菸草，原因是在菸草製作過程中加入花生油、茶油、大豆油或芝麻油等油類，能使煙火燃燒良好，並可緩和風味、防止變質。但只有花生油能夠運用於各種不同品質的菸草中，因此它的銷量最廣，特別在一九〇五年臺灣總督府實行菸草專賣制度以後。此外，花生油還用於製作潤髮用品、藥石、肥皂、機械潤滑物、人造乳酪等的原料。

根據環境資訊中心的〈【豆豆不簡單】飄洋過海落花生〉一文，日據時期臺灣總督府的農業試驗所技師島田彌市，於一九〇六年將臺灣在來種（按：日本人來臺時本島既有的在地品種）落花生區分為大粒種、溫州種、長形小粒種及短形小粒種等四大類，並整理出輸入時間、種植地區、用途及品種差異。此外，嘉義廳技師白玉光亦於一九一五年根據植物特徵與產地分布，將臺灣落花生分為鴛鴦豆、大冇（音同某）、龍眼豆、及油豆等四種，之後經過驗證對照，最終整理出有系統的分類：大冇、溫州種屬大粒種花生；鴛鴦豆屬長形小粒種；龍眼豆則為短形小粒種。

臺灣現今的花生品種更多，如果以花生仁表面的「種皮」顏色來區分，可粗略分成油豆（按：適合榨油的花生）與有色豆（按：種皮為紅、黑或有花紋的花生）兩種。油豆品種的含油量約四四％至五六％，有臺南十一號、九號、十二號、紅仁花生、大陸種花生、花仁花生、白仁花生及花蓮一號等，其中以用途最廣的臺南十一號產量最高，全臺各地皆有種植。臺南九號、白仁花生及紅仁花生多產於彰化沿海，三者都適合炒，合計產量約兩成；十二號及花蓮一號產於雲林地區，適合榨油；大陸種花生產量約占一％，適合製成五香花生，也產自彰化沿海。而近年知名的黑金剛，以及臺南十六號、臺南十七號，都是有色豆品種，通常是帶殼焙炒，產量遠比用途廣泛的油豆少得多。

5 花生粉，畫龍點睛的最佳調料

花生在臺灣的種植與應用，衍生出數不清的以花生為原料的飲食，除了炒花生、滷花生、水煮花生、花生湯等品嘗花生原味的吃法，還有花生燉排骨、小魚乾花生等以花生為主角或配角的食品，連花生粉都成了刈包、潤餅、菜粽、豬血糕等臺灣小吃不可或缺的配角。

當主角——花生豆腐、花生湯、貢糖

六堆客家庄的花生豆腐就有超過九十年的歷史，主要原料是花生、在來米及地瓜粉，大都會選臺農十一號、九號或黑金剛花生，因為香氣夠。作法是花生洗淨浸泡約一小時，再加水磨成漿，用布過濾後放入大鍋熬煮，煮的過程中加入在來米漿及地瓜粉，待略有凝固時，就可以起鍋盛入盒中冷藏凝固，鹹甜皆宜的花生豆腐即成。

花生湯或花生仁湯，是將花生仁去皮後所煮成的湯品，在臺灣多為甜湯，源自閩南，泉州有句俗諺：「頂開花，下結子，大人小孩愛吃甲要死。」講的就是花生湯是多麼的人見人愛。在閩南很多地方，都有賣花生湯的早餐店，人們會將油條浸泡在花生湯裡頭吃，雖然由來已不可考，但用花生湯配油條，吃起來的口感確實比豆漿更油潤飽足。

貢糖就是花生糖，以花生和麥芽糖為原料敲打製成，由於起源地是閩南一帶，因此以「敲打」的閩南語發音「貢」來命名，是從傳統花生酥糖所演變而來。現今的貢糖有白水及金門兩種，白水貢糖的發源地是漳州市白水鎮，當地的樓埭村有一間叫「茂順記」的店，店主陳茂順於一八九〇年時在閩南花生酥的基礎下所研發出來。至於金門貢糖如何而來？在一九一一年開業的金門貢堂老店「陳金福號」的官網是這麼寫的：「陳世命先生的叔父張澤在銅山後尾街，創立了一家泰利發糕餅店，製作花生糖。接著陳世命先生也相繼在銅山創立了名記餅店。」

文中的陳世命就是「陳金福號」的創始人，只是他明明姓陳，叔父怎麼會姓張呢？這是由於茂順記的貢糖製作隨著子孫開枝散葉，其中一支子嗣來到金門，但手藝卻傳男不傳女。而陳世命原名張命，是漳州東山人，原本隨叔父張澤在廈門做花生糖，後來到了金門，被陳家收做兒子並改姓陳，而陳世命之父就是陳茂順之子。於是，陳世命繼承了茂順記的貢糖手藝，不但開創了金門貢糖，還將之發揚光大，使得現在**金門貢糖的名氣比發源地的白水貢糖還要大**。

花生粉，小吃界最佳配角

花生豬腳、花生雞腳排骨湯、花生木瓜湯、花生豬尾湯、花生滷豬蹄……花生在臺灣家常菜的運用層出不窮，不僅如此，它還轉變成了一個更為謙卑、卻又不可或缺的存在——**花生粉。在許多臺灣代表性小吃中，它都是畫龍點睛的一款調味料**，尤其是切半的麵皮中夾著肥瘦自選的滷五花肉、酸菜，再加上能激發香氣、豐富味覺層次、消解膩感的花生粉與香菜，刈包兼具了濃郁的肉香、脂香、菜香與酸爽，讓我不得不聊一聊這形如飽滿錢包，有招福得財寓意的福建小吃。

刈包的「刈」音同義，我們一般唸的「ㄍㄨㄚˋ」包為閩南語發音。一八九九年（明治三十二年）時，來自福建福州的華僑陳平順，在日本長崎開了間營業迄今的餐廳「四海樓」，推出雜燴麵（ちゃんぽん）、皿烏龍麵（皿うどん）、角煮饅頭（角煮まんじゅう）等源自家鄉福建的菜品，一解當地留學生的思鄉之愁，後來演變成長崎代表性的鄉土料理，其中角煮饅頭的型態就是刈包。

不過刈包的起源地並非福州，而是泉州的惠安，當地稱為肉夾包，又稱為虎咬豬，是當地舉辦婚宴必備的麵點之一，到了臺灣會被稱為刈包，是因為在日文中刈包的漢字為「割包」，發音為「グァパオ」（gao-bao），意思是「用麵粉做的如同饅頭的東西（中間有豬肉等夾著吃）」。不論是「刈」或「割」，中文都是用刀切開的意思，對照刈包的外型——將饅頭切成兩半後，中間再夾紅燒五花肉片——也的確如此，因此泉州的肉夾包強調了「夾」的型態，臺灣的刈包則是強調「割」的型態。

在諸多關於刈包的文章中，陳靜宜在《喔！臺味原來如此》書中，透過她對河南學者李開周所著之《吃一場有趣的宋朝飯局》的閱讀所提出的看法，是我覺得最可能的原因。

李開周比較了豫東鄉間的「夾包饃」與陝西的「肉夾饃」，在豫東鄉間，祭奠所供的饃饃在祭祀完後不能馬上吃，得要主人先將這些饃饃一個個掰開後，夾一片很薄的熟肉，讓親戚帶走；而陝西的饃饃在祭奠後，也要由主人一片片掰開讓親戚帶回家，唯一的差別在於沒有夾肉。不夾肉還把饃掰開，其實是一種禮節：「饃饃不掰開屬於供品，供品歸死者享用；掰開了以後才是食品，才能給活人吃。」陳靜宜進一步解釋，將肉夾饃的「夾」，類比於割包的「割」，原本完整的麵餅之所以要割開，是因為「割代表了供品與食品、活人與死人的界線」。

切半的包子皮中，夾著滷五花肉、酸菜、花生粉與香菜，是形狀如同飽滿錢包，有招福得財寓意的福建小吃。

菜粽，花生版的素親子丼

花生與米製品的搭配，也是臺灣極傳統的一種吃法，在母親老家高雄苓雅市場附近，有一間我們從小吃到大的菜粽店，叫「菜粽李」，雖曰菜粽，但粽子裡並未有菜，而是素粽之意。菜粽李使用臺灣長糯米、北港花生，搭配特製的醬油膏和花生粉，可謂是臺灣花生版的素親子丼，配置極簡，但花生和粽葉香氣完全融入糯米之中，每種原料的味道都被極大化。

讓許多外國旅客不敢入口的米血糕與花生粉，是另一個絕配組合，這裡我想先聊一下豬血糕這個臺灣小吃。其實用豬血、羊血、鴨血等動物血液製成的菜餚，在世界上所在多有，其中血腸最為常見，像是第一章介紹過的臺灣原住民血腸；英國黑布丁；韓國有阿拜血腸、竝川血腸和白岩血腸等血腸三天王；德國血腸的種類更是族繁不及備載。其中英國黑布丁使用的香料最多；德國血腸則混合了豬肉最多個部位，從脂肪、筋、各種內臟到豬頭皮，衍生出各種不同風味的血腸。韓國血腸則是配料最為豐富，在豬的腸衣中除了填入豬血外，還有綠豆牙、白菜、糯米等配料，且在不同地區也有加入米飯、豆腐、泡菜、大蒜、豆子、海鮮或是紫蘇等不同版本。

臺灣的米血或米血糕最初是以鴨血製作，昔日農家在殺鴨之後，為了不浪費任何食材，因此將鴨血與糯米蒸熟後沾醬食用，後來逐漸成為平民小吃，又名鴨血糕。不過由於鴨肉價高，鴨血供不應求，而雞血又不易凝固，於是漸以豬血取代鴨血，成為了現代人口中的豬血糕。

如今米血糕在南北部的配方及食法皆已不同，北部以豬血搭配糯米蒸軟來吃，醬油膏、香菜及花生粉是必備佐料；南部則是用鵝血，作為關東煮的食材之一在高湯中煮熟，食用時加的是番茄醬、醬油膏與甜辣醬。

6 古書裡的臺灣野味

在《臺灣通志》的鳥獸類中，可以看到清初已引進臺灣的鳥類，我們比較熟悉的有斑鳩（與內地異色，青黑者曰斑鳩甲）、畫眉、鷹、鸜鵒（八哥）、雉、鸛、黃鶯、燕、布穀、白頭翁、伯勞、鳶、火雞（出傀儡山，食火炭。狀如雞而頸長，能食火，自洋船購來）、番鴨（似鴨而大，毛有小採，嘴、腳朱色；肉粗味減，來自外洋）、天鵝等。

獸類我們熟悉的有豹、鹿、麋鹿、獐、麂、熊（熊似豕，掌心有白脂如玉，味甚美，俗呼熊白。好舉木而引氣；冬蟄不食，飢則自舐其掌，故美在掌）、水獺、猴、兔（兔，吐也，生子從口中吐出，視月而孕，目尤了：故「禮」稱兔為明視）、野豬（似家豬而腹小，腳長、毛色褐、牙利如鐮。野彘兩耳與尾略小，毛鬣蒼色，大者如牛；巨牙出唇外，擊木可斷，怒則以牙傷人，輒折脅穿腹，行疾如風）、黃羊（蒙古瞪羚）、山羊、山貓、石虎、果子貓（貓有白面者，名玉面；喜食百果，又名果狸）、山鼠（土人捕獲，以蔗梗填腹，去毛，炙黃，合豬肉煮食，味香美）、飛鼠等，其中對於鹿、熊、山豬、牛等有較多的著墨。

原民醃鹿肉，現已是保育類動物

其實在荷蘭人占領臺灣之前，鹿就已是重要經濟物產：「臺山無虎，故鹿最繁，昔年近山皆為土番鹿場。今漢人墾種，極目良田，遂多於內山捕獵；角尾單弱，絕不似關東之濯濯。角百對，只煎膠二十餘筋；鹿雖多，街市求一臠不得。冬春時社番截成方塊，重可筋餘，皆用鹽漬，運致府治，色黑味變，不堪下箸，而值亦不輕。」

因為臺灣沒有老虎，所以鹿很多，以前平地都是原住民獵鹿的地方，後來漢人在此開墾，才只好改成在山中補獵，不過臺灣的鹿不像關外（按：指山海關以東或甘肅嘉峪關以西地區）那麼肥壯。然而雖然鹿的數量多，但在市面上一般買不到，儘管原住民會在冬天到春天之際醃漬鹿肉塊，但鹿肉與豬肉不同，即使已經做成醃肉，運到城裡時已經肉黑味變，無法下箸了。

現在臺灣食用鹿肉比較不普遍，那是因為雖然相對於牛、羊肉來說，鹿肉脂肪含量較低，營養價值也較高，但也因為脂肪少，需要更細膩的烹調，否則肉質非常容易變得乾柴難咬；另一方面，鹿的產量有限，且在多數國家屬於保育類動物，因此也限制了鹿肉的商業化生產和銷售，從而導致鹿肉比牛、羊肉的生產和加工成本更生，難以大規模生產和普及。

吃熊腹、喝熊湯

清初臺灣也有著許多不同種類的熊，可以由《臺灣府志》得知：「熊之種類不一，有豬熊、馬熊、狗熊、人熊之異，各肖其形。諸熊毛勁如鬣，又厚密。矢鏃不能入；蹄有利爪能緣木升高，蹲於樹巔或穴地而處，人以計取之，無生致者。腹中多脂可啖，掌為八珍之一，膾炙人口，然不易熟庖。人取其汁烹他物為羹，助其鮮美，一掌可供數十烹；若為屠門之嚼，貽笑知味矣。」

明毛晉《毛詩陸疏廣要．卷下之下》中記載：「今獵者云熊有兩種，猪熊其形如猪，馬熊其形如馬。」其中馬熊是棕熊的亞種西藏棕熊（*Ursus arctos pruinosus*），狗熊就是黑熊、人熊是棕熊的別名。以前臺灣人多吃其腹，但由於不諳熊掌的烹製技術，故多以熊掌煮湯加其他食材製羹。

炭烤山豬肉，鄒族最厲害

豬則有野豬與豪豬兩種，清代官員郁永河於一六九八年寫成、描繪十七世紀臺灣風土民情的《裨海紀遊》，有著以下的描述：「山豬，蓋野彘也。兩耳與尾略小，毛鬣蒼色稍別；大者如牛，牙出唇外，擊木可斷，力能拒虎，怒則以牙傷人，輒折脅穿腹，行疾如風，獵者不敢射。又有豪豬，別是一種，箭如蝟毛，行則有聲；雖能射人，不出尋丈外。」

野豬亦即山豬，鄒語為 fuzu，是挖地的意思，如果是很兇猛的山豬，則會稱為 Mi-hi-dos。由於山豬生性凶猛，因此獵山豬的人備受敬重，如果是青年獵人獵到山豬，甚至會被尊為老年級人物（Mamejoi），善獵、善戰之人泰半有山豬牙臂飾，以表彰其英武的特質。

在鄒族達邦村，一個獵人獵到山豬之後，必須請更有經驗的狩獵英雄鑑定這頭山豬，鑑定方式是吃山豬的頸部肌肉，並看牙齒狀況，以確定是否為成熟的勇猛山豬，才決定獵人是否為真正的男人。若是，便會在獵人的名字前加上 A-mo 稱號，以示夠格。而鄒族的烤山豬肉更是從選材、燒烤技術到炭火選擇，都堪稱各族之最。

野牛則取《臺海采風圖》的描述：「臺灣多野牛，千百為群，欲取之，先置木城四面，一面開門，驅之急，則皆入；入則扃閉而飢餓之，然後徐施羈靮，豢之芻豆與家牛無異。」另外，在《小琉球漫志》中還有野黃牛的記載：「近生番深山產野黃牛，千百為群，諸番取之用以耕田駕車。陳小厓『外紀』云：荷蘭時南北兩路設牛頭司，取其牡者馴狎之，閹其外以耕，其牝則縱諸山以孳。」

由兩個文獻可知，當時的漢人雖然已有來自大陸的家牛，公牛用來耕田，母牛則放到山上繁殖，但仍會馴化並蓄養野生黃牛，而原住民則用牛耕田和駕車。

山鼠與田雞

現在較不多見食用的山鼠，在《臺海使槎錄》中亦記載了，原住民將甘蔗填入山鼠腹中烤來吃，甚至還有用紙包住蟬煨熟後用來下酒的烹飪方式：「山鼠，土人捕獲以蔗梗填腹，去毛、炙黃、合豬同煮食。……鄉間亦有捕蟬，紙裹煨熟以下酒者。」

而當時的臺灣人吃田雞（虎皮蛙，*Hoplobatrachus rugulosus*）也已經非常普遍，《鳳山縣志》：「蛙，背青色，謂之青蛙，《諸羅志》作青約，一名田蛙，亦名水蛙，味甚美；臺地最多，人以為珍饌。」《諸羅縣志》：「青約《圖經》：背青綠色。《海錯疏》：身青、嘴尖、脊路微黑，腹細而白，土人去其皮食之。」

7 清初海鮮代表——烏魚和鱔魚

臺灣在清初時的河產與海鮮種類已經非常豐富，《臺灣通志》從條目三十八的鯉魚，到兩百二十八的文蛤，總計高達一千九百項，其中在現今臺灣較多食客著墨的，則有烏魚及鱔魚。

烏魚在《鳳山縣志》中有：「烏魚，《本草》謂之鯔魚，池產者佳。吳王論魚，以鯔為上。產台海者曰海烏；冬至前入港散子，亦肥美。散子後，名回頭烏，則瘦而味劣。」《諸羅縣志》更是介紹了烏魚子製法以及其時令：「各港俱有，子成片，下鹽曬乾，味更佳。過冬則罕見。」《澎湖廳志》中，則說根據《閩志》的記載，烏魚來自黃河。時任臺灣府海防補盜同知兼攝臺灣縣事的王禮主修、於一七二〇年（康熙五十九年）完成的《臺灣縣志》中說：「烏魚：本草名鯔魚，出海中者名『海烏』。神仙傳云：『介象與吳王論膾，何者最美？象曰：鯔魚為上。乃于殿前作坎，汲水滿之；象垂綸坎中，食頃，得鯔魚作膾』。注云：『鯔魚生淺海中。食泥，身圓、口小，骨軟、肉細，其子醃食，味更佳。出自冬天。鹿耳門最多。』。」

烏魚，三國時代的上等生魚片

綜上所述，烏魚的學名就是《神農本草經》中的鯔魚，而且從三國時代開始，就在江南一帶被視為珍饈，因此《鳳山縣志》才會記載「吳王論魚，以鯔為上」。而且依照《三國志．趙達傳》所說，當時的吳人還認為，烏魚是做生魚食用最上等的魚：「吳主共論鱠魚何者最美，象曰：『鯔魚為上』。」

就算到了現在，錢塘江沿岸居民還是有著「春嘗鯔魚」的習俗，因為錢塘江下游及出海口地區的海域廣袤，水質佳且藻類豐富，非常適合鯔魚生長，加上鯔魚有鰣魚之鮮，卻不像鰣魚那麼多刺，價錢也沒有鰣魚昂貴。

一七四五年（乾隆十年）任巡視臺灣監察御史、並再重修編訂《臺灣府志》的范咸，著有〈烏魚有引〉一詩，除引用典故解釋烏魚是何魚種，還著重記錄臺灣烏魚的汛期與課稅等事項，對於清代臺灣盛產及捕撈烏魚的狀況，留下詳實的歷史紀錄。

其內容首先說明烏魚即鯔（音同滋）魚，生長於溫熱帶海域，是一種會隨季節洄游遷移的魚類；喜歡棲息在河口港灣處，但幼魚常溯游入淡水河川，因此在江河中捕獲者稱為江鯔或河鯔。每歲冬至至隔年元月，原棲息於中國沿海的烏魚便會順洋流，向南洄游至臺灣海域產卵，故名「信魚」，《臺陽見聞錄》即載：「於冬至前後先出彰化之鹿仔港，次及安平鎮，南至鳳山之琅嶠。」

由於此時的烏魚肉質肥美，魚卵與魚鰾也最飽滿，於是稱「正頭烏」，之後逆流返回則瘦而味劣，就是所謂的「回頭烏」了。這段烏魚汛期雖短，卻能使漁人獲致豐厚的利潤，至遲在明代嘉靖年間就吸引許多中國漁民駕船至臺灣捕烏，根據《熱蘭遮城日誌》紀錄，一六五七年十二月至次年二月間，烏魚產量共三十九萬餘尾，烏魚卵三萬兩千餘斤。

〈烏魚有引〉詩中還附記隋代仙人介象曾為煬帝幻化出海中鯔魚的傳說，且謂以鯔做膾「亦是一時奇味」。正文前四句說明漁民競相爭捕正頭烏的情形，正當船戶們張網捕撈之際，官府也趕緊藉機徵收漁稅；後四句描述漁民捕獲的烏魚數量豐富，因此他們既非屈原筆下志不在釣魚的漁夫，臺灣的烏魚更不是仙人幻化而出之物。

烏魚的美味，典當老婆也要吃

《恒春縣志》書成於一八九四年（光緒二十年），主修者是恆春縣知縣陳文緯，不過由於書稿完成時碰到甲午戰爭與乙未割臺，所以並未刊行，書稿由陳文緯帶回中國大陸，此後一度下落不明。臺灣光復後，臺灣大學教授方豪於民國三十七年，在中央研究院歷史語言研究所搬遷來臺的文物資料中，發現了《恆春縣志》的書稿，之後於民國四十年由臺灣省文獻委員會將之標校出版，是最晚的近清代關於臺灣文獻之一，其中對烏魚的描述是：「鯔：土名烏魚。本草云：『似鯉，身圓、頭扁、骨軟，生江海淺水中』。今于冬至前後數日，盈千累萬而來，居民醃以作蠟。此魚多子，與蒜同食下酒，風味頗雋。」

臺灣在《馬關條約》中被清廷割讓給日本後，曾與丘逢甲等人擁立巡撫唐景崧為大總統、創立臺灣民主國抗日的彰化鹿港人洪棄生，著有《食烏魚五十二韻》一詩，留下「俊味來滄海，腥風近黑洋。烏頭饞客噉，魚尾酒人嘗。煮濩宜同蒜，熟調不待薌，烏魚宜蒜。青鱗殘似貝，白肉潤於霜。山澤輕鵝鴨，江湖薄鱮魴。鯉同金膾好，鱸想玉冰涼。比目嫌消瘦烏魚冬至後，比目身瘦，味不佳，生胎美抱黃烏魚胎，醃乾，味最佳」的詩句，敘述烏魚趁黑潮來到臺灣，並描繪烏魚的美味；魚頭是老饕的最愛，而酒客則鍾情魚尾；在烹煮時，烏魚的香氣要靠蒜來提升，而金黃的烏魚子更是冬至時分最令人垂涎的珍饈。

一八四九年（道光二十九年）任臺灣府儒學訓導的劉家謀，寫下了對臺灣風土人情及官吏施政利弊皆有論述的《海音詩》兩卷，其中的「浩浩飛颱競捲沙，秋棚何處覓新瓜？烏魚歲晚無消息，累得鹽官仰屋嗟」，也顯示出烏魚漁稅對官府的重要性。

一八八〇年（光緒六年）生於彰化縣鹿仔港堡的詩人莊嵩（號太岳），在其〈鹿江竹枝詞十二首之一〉所描寫的「烏魚大獲萬三三，典盡釵環為口饞。本港從來魚子好，果然口味勝臺南。」形容就好似江戶時代，有人即便是典當了老婆也要吃初鰹一樣，當時的臺灣也有典當釵環也要吃烏魚的說法，而對莊嵩而言，鹿港所捕獲的烏魚，又要比臺南捕獲的口味更佳。

鱔魚料理普及化，八田與一的功勞

鱔魚是純內陸溪流生物，棲息於稻田、湖泊、池塘、河流與溝渠等泥質地的水域，以及沼澤、被水淹的田野或濕地，《彰化縣志》有「鱓魚俗謂之鱔。……鱓似蛇無鱗，黃質黑紋，體多涎沫同上。生溝圳泥窟中。」的記載。

而在中國八大菜系中，蘇幫菜的響油鱔糊、無錫的梁溪脆鱔、淮揚菜的軟兜長魚（鱔魚又稱長魚）和生炒蝴蝶片，都是早在清初就完成了對鱔魚烹製方式的巧奪天工的演繹。由於位在江蘇省的淮安境內，河湖水網交錯，西南有洪澤湖，東南有高郵湖，加上京杭運河貫穿市區，非常適合鱔魚棲息與生長，也造就了鱔魚菜餚的發達。在晚清遺老徐珂編撰的《清稗類鈔》中有一項全鱔席，是這樣描述的：「同光間，淮安多名庖，治鱔尤有名，勝於揚州之廚人，且能以全席之餚，皆以鱔為之，多者可至數十品，盤也，碗也，碟也，所盛皆鱔也，而味各不同，謂之日全鱔席，號稱一百有八品者，則有純以牛羊雞鴨所為者合計也。」

此宴將不同季節、不同大小的黃鱔以不同方式烹調——魚背做成「軟兜」，魚肚做成「煨臍門」、尾巴做的叫「熗虎尾」，個頭大的叫「紅燒馬鞍橋」、個頭小的做成上述之「生炒蝴蝶片」。

臺灣現在最有代表性的鱔魚菜餚，為臺南的鱔魚意麵，而且還與湖北省沙市名菜皮條鱔魚有點關係。傳說宜蘭在道光年間發生過鱔魚打洞拱垮田界的糾紛，當時來自湖北的宜蘭縣令朱材哲就派隨他一起

臺灣食鱔的習慣，源於嘉南大圳峻工後，鱔魚順著水路擴散至嘉南平原，農夫們一邊種田耕耘，一邊抓泥地裡的鱔魚回家進補，慢慢演變成為現在的鱔魚小吃。

來到臺灣的荊幫菜廚師，特備以鱔魚為原料的筵席請糾紛的雙方一起品嘗，提倡大家一起捕食鱔魚，從根本上解決糾紛，從而把食鱔的習俗傳入臺灣。然而，後人推敲朱材哲於一八五一年（咸豐元年）才來臺就任臺灣府淡水撫民同知，而宜蘭縣是到一八七五年（光緒元年）才由噶瑪蘭廳改制而來，因此澄清這個故事僅為杜撰。

不過，從清代的臺灣各縣志看來，當時的臺灣雖有鱔，亦有食鱔之習，但尚不普遍。一九三〇年，臺灣總督府為了因應糧食需求，認為嘉南平原具備發展農業條件，而指派日本工程師八田與一設計的嘉南大圳。大圳峻工後，水流沿著如蛛網般密布在嘉南平原上的渠道，鱔魚亦順著這些支流、細流、小給水路或排水路等灌溉渠道繁衍擴散，農夫們一邊種田耕耘，一邊便把這些躲在農田泥地裡的鱔魚抓回家進補，慢慢演變成為現在小吃店裡的大火快炒鱔魚及鱔魚意麵。

鱔魚意麵的材料很簡單，就只有鱔魚、洋蔥、蒜頭、辣椒、糖和醋，分為勾芡和乾炒兩種吃法，生炒享受的是鑊氣，勾芡則是以五印醋、白兔牌或一字牌烏醋與糖所構成的酸甜味。不過，在一九三一年和一九三二年出版的《臺日大辭典》中，起初農家吃的鱔魚料理，也僅有用油炸田鰻的「紅鱔魚」、「清湯鱔魚」以及將切細的鱔魚肉、炸香菇、蔥、麵粉一起煮的鱔魚絲等菜品。直到原本不是廚師的廖炳南兄弟向福州師傅學藝出師後，在今臺南市中西區的康樂市場擺攤賣鱔魚，鱔魚料理才開始出現更多變化。在口味越來越出名後，廖炳南師傅也得到了「鱔魚廖」的稱號，後來由其綽號「阿源」的么兒繼承父業，就是現在已經營近七十年的「阿源炒鱔魚」。

8 上億的烏金產業，日本人教的

說完了烏魚，就不能不提到烏魚子。由《諸羅縣志》的「各港俱有，子成片，下鹽曬乾，味更佳」一句中，我們則可得知，清初時已有烏魚子的製作。烏魚子不管是在臺灣、日本、義大利的薩丁尼亞島，都被視為珍味，《臺灣府志》便記載：「烏魚其子曬乾，曰烏魚子，味佳。」

烏魚子就是以烏魚的卵巢為原料的醃漬物，日文叫「からすみ」，有唐墨、鰡子、鱲子等三種漢字寫法，自江戶時代開始，肥前國（現在的佐賀縣和長崎縣）的烏魚子、越前國（現在的福井縣大部）的海膽、三河國（今愛知縣東部）的海鼠腸（海參腸）就被稱為日本的三大珍味。其中「唐墨」是指烏魚子的外型像是中國傳來的墨，會有唐墨這個漢字寫法，據傳是因為豐臣秀吉到肥前國的名護屋城（今佐賀唐津市）造訪時看到烏魚子，問當時長崎的代官（代表主君執行職務的官吏）鍋島信正這是什麼，鍋島信正所胡謅的名字。

醃魚子起源於古代地中海

烏魚的英文是 Flathead grey mullet，烏魚子的製作方法源自古代地中海，用海鹽保存食物的技術，最早由腓尼基人發明，然後傳到埃及。而世界上最早關於烏魚子製作的記錄，也正是在尼羅河三角洲被發現的。英國歷史學家安德魯・道比（Andrew Dalby）在《拜占庭的味道：傳奇帝國的飲食》（*Tastes of Byzantium: The Cuisine of a Legendary Empire*，暫譯）說到，拜占庭人非常喜歡醃烏魚子，現在普遍使用的 botargo 這個名稱，是從 oiotárikhon 這個希臘字演變而來，因此似乎可以說，雖然烏魚子的作法或醃製處理方式不是希臘人發明的，但名稱是。

東羅馬帝國時期的科學家和翻譯家西蒙・塞斯（Simeon Seth），是最早使用希臘文 oiotárikhon 記錄烏魚子的人，不過他非常厭惡這種食物，認為必須「完全避開」。到了十五世紀義大利的烹飪專家、可說當時西方世界第一名廚的馬提諾・德羅西（Martino de Rossi），倒是於他一四六五年出版的烹飪書《烹飪的藝術》（*Libro de Arte Coquinaria*）中介紹了烏魚子的製作方式。另外還有義大利文藝復興時期的作家巴托洛米奧・普拉提納（Bartolomeo Platina），在他寫的《誠實的奢華與健康》（*De Honesta Voluptate et Valitudine*）一書中，則是首度將烏魚子的希臘文直譯為義大利文的 ova tarycha。

到現在，埃及還是會在賽德港一帶製作烏魚子，稱為 Batarekh；希臘管烏魚子叫 avgotaraxo 或 avgotaracho；法國叫 boutargue；西班牙的烏魚子主要在東南部的莫夕亞（Murcia）與地中海旁的阿利坎特省（Alicante）。

前文提到，義大利的薩丁尼亞人也視烏魚子為珍品，他們會將烏魚子稱為「薩丁尼亞黃金魚子醬」或是「地中海魚子醬」，在菜品上有著與黑松露一般的用途。一八五六年，查菲瑞斯（Zafeiris）、尼可斯（Nikos）和喬吉歐（Giorgos）特里卡利諾斯（Trikalinos）三兄弟在希臘的 Etoliko 開始製作烏魚子，迄今已超過一百五十年，由第四代在經營。其品牌「Trikalinos」被視為現在世界上最頂級的烏魚子。

臺灣製烏魚子，日本人教的

臺灣雖然從荷人殖民時期到清代都有漢人捕撈烏魚的紀錄，但要一直到一九〇九年，日本人為了嚐食美味的烏魚子，才從長崎延聘烏魚子專家來鹿港，教導烏魚子製作技術，並設立烏魚子加工廠。

日本的烏魚子是安土桃山時代時，由明朝傳到長崎。不過當時使用的是鰆魚的魚卵。一六七五年（日本延寶三年）長崎「高野屋」的第一代店主高野勇助才開始改以烏魚的卵巢製作，現在已傳到第十四代。現在日本只有香川縣還有一部分地方以鰆魚卵製作。

臺灣烏魚子已能創造出近億元產值，更有「烏金產業」一詞，加工過程也極為繁複細膩，分為取卵、清洗、鹽漬、脫鹽、整形、乾燥等步驟。

先以手指輕輕推壓烏魚腹部，在肛門附近觸摸具有顆粒感即為成熟母魚，取卵巢時刀刃向上，小心將刀尖插入下端腹內，避免刺破卵膜；接下來以清水或三%的稀食鹽水清洗卵巢表面，並用湯匙及牙籤清除微血管中的血液，如未清除乾淨，則會氧化使製品變黑。接著將食鹽均勻撒布於卵巢上，撒鹽量約為卵巢重量之一〇%至一五%，然後蓋上一層平板，如此重疊數層鹽漬四、五個小時，要注意的是同層烏魚子應大小一致，以免壓力不均而壓破卵巢。脫鹽是洗去殘鹽，並以手輕揉卵巢膜使之與卵粒分離，這個步驟需進行數小時；之後便是整形、晒乾，

烏魚子必須日晒成乾，應避免強光直射，且須經常翻轉，每日早上晒約三小時後即移入室內蔭乾，日落前再晒三小時，三、五日後即成品。

日晒時應避免強光直射，且須經常翻轉，每日早上晒約三小時後即移入室內蔭乾，等到日落前再移出室外晒三小時，經三、五日後即製成成品。

怎麼挑？先看形狀，再看色澤

現在烏魚子的製法隨時代更迭，也從過往在稻埕風吹日晒，轉變為以全玻璃透光的室內人工氣候調節室，加強溫度及溼度控制，且與室外灰塵、蠅蟲等汙染隔絕，已導入專業化製程。

烏魚子品質的好壞，首先要觀其形，每幅烏魚子應具兩片腎形卵囊，大小、厚薄相似；其次看其色澤，以色赤、有透明感且卵粒均勻者為佳，顏色若偏淡黃，表示由未成熟魚卵製成；再手指輕按，

烏魚子不只是臺灣美食，也是日本三大珍味之一，臺式吃法是搭配白蘿蔔片或水梨，在日本則常做成握壽司。

以不留指痕者為適度，如有凹痕表示乾燥不足，破裂則是乾燥過頭了。

臺灣傳統的烏魚子食用方式，是先將在烏魚子表面戳洞，浸泡在米酒或高粱酒裡，然後撕掉表層薄膜或煎或烤，再搭配蒜苗或白蘿蔔片食用，近來也流行搭配蘋果或水梨。除了臺式傳統吃法外，作為日本三大珍味及義大利薩丁尼亞的一大特產，烏魚子在日本常做成握壽司或炒飯，在義大利也大量運用在各式義大利麵中。

第五章

日本殖民時代，好東西先往外送

1 第四政權登場，臺灣資本主義化

肇因於朝鮮東學黨起義的中日甲午戰爭，於一八九四年七月二十五日，日本炮轟停泊在朝鮮牙山灣豐島的清朝軍艦後爆發（即為豐島海戰），到一八九五年三月九日的田莊臺之戰結束，造成清軍一萬一千八百六十四人陣亡，日軍一千一百三十二人陣亡。四月十七日，中日簽訂《馬關條約》，清政府割讓臺灣予日本，五月二十九日，負責接收臺灣的日軍部隊，從現今新北市貢寮區的澳底登陸，開始了臺灣各地人民為抵抗日本統治而發起的乙未戰爭。

日本殖民臺灣，或稱日據、日治或日本時期的前二十年，臺灣住民發動了三個階段的武裝抗日，分別是乙未戰爭；臺灣民主國（按：臺灣住民因反對日本統治，部分仕紳鼓動前清臺灣巡撫唐景崧建國而短暫存在的政權）瓦解後到一九〇二年之間，由住民自主發動的武力抗爭；以及從一九〇七年到一九一五年之間的多起抗日事件。

日本首任臺灣總督樺山資紀在一八九五年六月十四日率領軍隊進入臺北城，十七日舉行「始證大典」，然而遭逢臺灣民主國的強烈抵抗，社會紛亂，總督亦無法久任。在連續更換了樺山資紀、桂太郎、乃木希典等三任總督後，第四任的兒玉源太郎採用其重用的民政長官後藤新平的方式，以保甲制度（按：源自宋代帶有軍事管理的戶籍管理制度，以十戶為一甲，十甲為一保）進行社會控制，加上利誘與捕殺的手段，才徹底鏟除了武裝抗日勢力，逐步確立總督專制的統治體制。

日本積極擴軍，清廷忙著修行宮

甲午戰爭是清代自強運動與日本明治維新兩個近代化改革，在十九世紀面對西方列強勢力壓迫下，所進行的成果驗收，結果是自強運動失敗、明治維新成功。然而這個局面並不意外，因為兩國投注在改革一事上的心力與資本，差距甚大。

清政府早在一八七五年時，慈禧太后即已諭令訂造鐵甲艦，十年間分別向英、德兩國訂造了共十艘軍艦，一八八八年北洋水師正式宣告成立。一八八五年時，德國製造的定遠艦及鎮遠艦完工付運中國，日本為了對付北洋水師的重型鐵甲艦隊，高薪聘請法國海軍部的白勞易（Louis-Émile Bertin），擔任海軍省顧問與海軍工廠總監督官的十年擴軍計畫，以國家財政收入的六〇％來發展海軍戰力；一八九三年起，明治天皇更是決定每年從自己宮廷經費中撥出三十萬日圓，再從官員薪水裡取十分之一，補充造船費用。

反觀北洋水師，則是自一八八八年正

德國製造的定遠艦完工付運中國，讓日本大感威脅，決定高薪聘請法國海軍部的白勞易擔任海軍省顧問，啟動十年擴軍計畫。

式建軍後到甲午戰爭之間，六年來都沒有再添置鐵甲艦，反倒是花費了約八百萬兩白銀重修頤和園，及五百四十萬兩用於一八八九年光緒皇帝大婚，相當於三艘半定遠級鐵甲艦的費用。如此巨額的國家支出，讓戶部尚書翁同龢不得不在一八九一年時奏准，暫停南北海軍購買外洋槍炮船隻三年，因此中日開戰時的北洋海軍已經毫無大艦巨炮的優勢。

日本在這場戰爭後，就這樣搭上了十九世紀帝國潮流的末班車，取得了它的第一個殖民地臺灣，然而帝國主義擴張的原動力，是來自工業革命與資本主義的結合。當時日本的資本主義尚未發達，之所以能大舉展開帝國主義，臺灣學者何義麟從日本經濟學家矢內原忠雄的《帝國主義下之臺灣》一書中分析出：「日本是一個『後進』而『早熟』的帝國，效法先行者的第一步就是取得臺灣，然後藉由將臺灣資本主義化之成果，才得以進入帝國之俱樂部。」因此日本治理臺灣的初期，首要工作就是進行土地、人口與各資源的調查，接下來展開鐵路、公路、港口、油電相關事業的建設與投資。在逐漸驅逐外國資本，到進一步由日本自身壟斷資本的過程中，米糖經濟的發展，不但是獨占壟斷資本形成的最佳例子，也改變了臺灣經濟活動樣貌。

2 三大派系壟斷臺灣製糖產業

由於殖民地之主要商品大都是輸往母國的消費品，因此大都採用單一耕作、單一作物的模式，臺灣在日本殖民下的主要產業為砂糖，甘蔗便占了總耕作比例的一半。

什麼是糖？在營養素中，糖屬於醣類，分為結構較簡單的葡萄糖、果糖及半乳糖等的單醣，以及蔗糖所屬的雙醣。大部分的植物組織中都含有糖分，但只有在甘蔗及糖用甜菜等糖料植物中，才有足夠的濃度能夠用來製糖。

我們吃一般的食用糖是蔗糖，根據純度可以分為：純度九九．九%的冰糖，由唐代有糖霜之祖的鄒和尚所發明，是精煉白糖經溶解與多次結晶煉製而成，因結晶像冰塊，因而得名；使用最為廣泛的高純度白砂糖，糖度比九九．六%以上，是由蔗糖經溶解去雜質及多次結晶煉製而成；糖度比九七．九%的綿白糖，結晶顆粒比砂糖細小，在生產過程中會噴入二．五%左右的轉化糖漿；糖度八八%以上的帶蜜糖，由甘蔗榨汁濃縮形成，因沒有經過高度精煉，幾乎保留了蔗汁中全部成分的紅糖；以及工序上熬煮過程較長，而呈較深色澤的黑糖。

唐代之前的糖，是穀物發酵而成的食品

古代用來指稱糖的字，有飴（音同移）、餳（音同形）和餹（糖的異體字）等，其中飴是用米或麥製成的糖漿或軟糖食品，衍生出的甘之若飴、含飴弄孫，是我們再熟悉不過的成語。早在《詩經．大雅．綿》中，就有著「周原膴膴，堇荼如飴」一句，意思是說周原的土壤肥沃，即使是像堇荼之類的苦菜，也會變得甘美不已；《呂氏春秋．孟冬紀．異用》亦有「仁人之得飴，以養疾侍老也」，意思是有仁愛的人凡得到飴糖，會用來保養病人和奉養老人。

餳是麥芽糖，明代李時珍《本草綱目．卷二五．穀部．飴糖》曰：「韓保昇曰：

飴，即軟糖也，北人謂之餳。……時珍曰：飴餳，用麥蘗（音同聶）或穀芽同諸米熬煎而成，古人寒食多食餳，故醫方亦收用之。」（按：韓保昇為五代十國時期後蜀醫家）餹原指飴糖，後作糖的通稱，也作「糖」。飴糖是由玉米、大麥、小麥、粟或玉蜀黍等糧食，經發酵糖化而製成的食品。但不管是飴、餳或餹，指的皆非我們現在以甘蔗為原料所製成的糖，而是以穀物發酵糖化而製成的食品。

明代已有紅糖、白糖和冰糖

以甘蔗所製成的糖，始見於唐代。南宋科學家王灼於一一五四年（紹興二十四年）著有世界上第一部關於糖的專著《糖霜譜》，洪邁在其《容齋隨筆》中有對《糖霜譜》的評介，明確記載了：「糖霜之名，唐以前無所見，自古食蔗者始為蔗漿。宋玉《招魂》所謂『胹鱉炮羔有柘漿』是也。其後為蔗餳。孫亮使黃門就中藏吏取交州獻甘蔗餳是也。後又為石蜜。《南中八郡志》云：『笮甘蔗汁，曝成飴，謂之石蜜。』《本草》亦云：『煉糖和乳為石蜜』是也。後又為蔗酒。唐赤土國用甘蔗作酒，雜以紫瓜根是也。唐太宗遣使至摩揭陁國，取熬糖法，即詔揚州上諸蔗，榨沉如其劑，色味愈於西域遠甚，然只是今之沙糖，蔗之技盡於此，不言作霜，然則糖霜非古也。」

文中的赤土國，在唐朝時以甘蔗做酒，《隋書．南蠻傳．赤土》：「赤土國，扶南之別種也，在南海中，水行百餘日而達所都，土色多赤，因以為號。東波羅剌國，西婆羅娑國，南訶羅旦國，北拒大海，地方數千里。」對照至現在的位置，有馬來半島北部、暹羅與蘇門答臘等三種說法。而「唐太宗遣使至摩揭陁國取熬糖法」中的摩揭陁國，則是古印度十六強國之一，位於恆河中下游，今印度東部的大部分地區。

據《容齋隨筆》記載，甘蔗引入中國後：「甘蔗所在皆植，獨福唐、四明、番禺、廣漢、遂寧有糖冰，而遂寧為冠。四郡所產甚微，而顆碎色淺味薄，才比遂之最下者，亦皆起於近世。」當時以四川的遂寧產量最高，但品質都不好，直到「唐大曆中，有鄒和尚者，始來小溪之繖山，教民黃氏以造霜之法。繖山在縣北二十里，山前後為蔗田者十之四，糖霜戶十之三。」此即前文提及之糖霜之祖鄒和尚。

當時的甘蔗有四種，味極厚、專用作霜的杜蔗；同樣可作糖霜的西蔗；可作沙糖的芀蔗，《神農本草經》中稱為荻蔗；適合生食的紅蔗，亦稱為崑崙蔗。種過甘蔗的田，隔年必須改種五穀，讓土地休息。製作糖霜的人家中器具繁多，有鐮、磏、榨斗、榨床、漆甕等，製作的霜放入甕中，如能堆疊如假山為上乘、小顆塊次之、沙腳為下；紫為上、深琥珀次之、淺白為下，已能用甘蔗製出不同顏色與品質的糖。

明代刑部尚書王世懋著之《閩部疏》，亦記載了當時已能將蔗糖分別提煉為紅糖、白糖與冰糖：「凡飴蔗擣之入釜，徑煉為赤糖。赤糖再煉燥而成霜，為白糖。白糖再煆而凝，則曰冰糖。」在《本草綱目》中李時珍寫道：「此紫沙糖也。法出西域。唐太宗始遣人傳其法入中國，以蔗汁過樟木槽，取而煎成。清者為蔗餳凝結有沙者，為沙糖。漆甕造成，如石、如霜、如冰者為石蜜、為糖霜、為冰糖也。」

被法國漢學家儒蓮（Stanislas Aignan Julien）稱為「技術百科全書」、明代發明家宋應星所著、世界上第一部農業和手工業生產的綜合性著作《天工開物》中，更是對甘蔗的各品種與製法有了詳盡的介紹。從中不但可以得知，當時的甘蔗主要種植於福建和廣東兩省，還分為可以榨甘蔗汁喝但不能造糖的果蔗，和用以製糖的糖蔗：「凡甘蔗有二種，產繁閩、廣間，他方合併，得其十一而已。似竹而大者為果蔗，截斷生噉，取汁適口，不可以造糖。似荻而小者為糖蔗，口噉即棘傷脣舌，人不敢食。白霜紅砂，皆從此出。」且同樣的，宋應星也提到了糖霜之祖鄒和尚：「凡蔗，古來中國不知造糖，唐大曆間，西僧鄒和尚遊蜀中遂寧，始傳其法。今蜀中種盛，亦自西域漸來也。」

糖、歐洲貨物、非洲黑奴，大航海貿易金三角

甘蔗的英文 sugarcane 是「糖」（sugar）和「竿子」（cane）組合而成，前者的字源是梵文，指的是一種原生於東南亞的穀物，流傳到西方後，先成為阿拉伯語（讀音似 sukkar），再演變成義大利文的 *zúcchero* 和拉丁文的 *zuccarum*，從而演變成十三世紀中古法文和英國的 sucre，意思是：來自植物液體的甜結晶物質。而 cane 的字源來自十四世紀中古法文，意思是長而細的木莖。

紅甘蔗（Saccharum officinarum）於西元前八千年被新幾內亞的巴布亞人馴化，當地是甘蔗在世界上的第一個馴化中心，到距今五千五百年前，和原產於印度的甜根

子草（*Saccharum spontaneum*）雜交而成白甘蔗（*Saccharum sinense*），第二馴化地便在廣東和臺灣。這種由南島民族馴化而成的甘蔗，在距今三千五百年前，由南島民族的航海者帶到了玻里尼西亞和密克羅尼西亞，距今三千年前到了華南和印度。南島民族原本將甘蔗作為豬的飼料，最早用甘蔗製成結晶糖的地方在印度北部。八世紀時，阿拉伯商人將糖從印度引進阿拔斯帝國的地中海、美索不達米亞、埃及與北非和安達盧西亞等地。

甘蔗也是少數由西班牙帶到美洲的物種，哥倫布在他第二次到美洲時，將甘蔗帶到了加勒比海，一開始在現在的海地和多明尼加種植，一五二〇年代，糖廠在古巴和牙買加一個接著一個的建立。而葡萄牙人也將甘蔗帶到了巴西，截至一五四〇年，光是巴西南部的聖卡塔琳娜島（Santa Catarina Island）就建立了八百座糖廠。這些糖廠製作出的糖蜜會被運回歐洲，常用來製造萊姆酒，而賣糖得到的利潤則用以購買商品，再運到西非交換奴隸，這些黑奴又被帶去美洲，賣給甘蔗田主。這正是大航海殖民時代，糖與其他新世界生產的原物料、歐洲生產的貨物，以及非洲黑奴所形成的貿易金三角。

全島拚製糖，糖業領先世界

兒玉源太郎一八九八年上任臺灣總督時，距離這種剝削式的蔗糖經濟已過了三百年。臺灣從原住民，到荷蘭人與明鄭政權，都有種植甘蔗並開闢蔗園，清代時製糖業繼續發展，不過比起種甘蔗，清廷更鼓勵人民種稻，當時日本就是臺灣產糖的主要進出口國，在清乾隆年間成書的《續修臺灣府志》載：「臺人植蔗為糖，歲產二、三十萬；商船購之，以貿日本、呂宋諸國。……所煎之糖，較閩、粵諸郡為尤佳。」

日本殖民臺灣後，便開始由政府推動新式製糖會社，後來並逐漸形成了三大系統，分別為三井系（臺灣、沙轆〔現稱沙鹿〕製糖）、三菱系（明治、鹽水港製糖）及藤山系（大日本、新高製糖），**臺灣全部資本的半數、全島耕地面積的一半、所有的農家戶數，都在這三大資本家的糖業壟斷控制之下**。但由於民心不服，抗日行動不斷，臺灣產糖量從一八九五年日本初據臺時的五萬五千餘公噸，短短五年便只剩兩萬六千餘公噸，銳減一半，等到一九〇二年在總督府糖務局的獎勵補助下，參與糖業生產者才日益增多。

德國哈雷—維滕貝格的馬丁路德大學（Martin-Luther-Universität Halle-Wittenberg）農業經濟博士、東京女子大學的創立者、著有《武士道：日本之魂》一書的日本農學家與教育家新渡戶稻造，於一九〇一年出任臺灣總督府民政部殖產局長，提出《糖業改良意見書》，被稱為「臺灣糖業之父」，日本政府開始淘汰臺灣的舊式糖廍，改採新式的製糖方法，一九〇二年一月十五日，臺灣第一座新式現代化製糖廠，位於高雄的橋頭糖廠正式啟用，九年後新式製糖廠已有二十三

橋頭糖廠於 1902 年正式啟用，是臺灣第一座新式現代化製糖廠，9 年後臺灣全數汰換舊式糖廍。

所，完全取代舊式糖廍，一九一七年至一九一八年的兩年間更增加為三十七所。

一九〇三年，總督府以糖務局訓令第八號在臺南縣、大目降（今新化）設置甘蔗試作場，是甘蔗栽培及製糖實驗研究的獨立機關。後來在一九三二年，中央研究所內的糖業科與高雄檢糖支所合併，再擴充甘蔗育種及製糖研究單位，在臺南的竹篙厝設置臺灣總督府糖業試驗所，統一糖業的實驗研究，數年後更是超越了世界上其他產糖國家的成就。

日據時期的臺灣有茶、樟腦、米、糖等農產品，農民會把好東西先往外送，價格較高的蓬萊米優先賣至日本，留下在來米甚至甘薯為主食。

日本統治下的臺灣，主要的農產品有茶、樟腦、米、糖、鳳梨、香蕉，其中主要輸往日本的是糖、米和香蕉。不過由米與甘薯的出口量超過增產之數量這點可以得知，臺灣農民會把價格較高的蓬萊米優先賣至日本，以在來米甚至甘薯為主食，而不是先滿足自己的糧食需求後才將剩餘的輸出。

3　中國米、日本米、臺灣米

臺灣最早種植的稻作，是在旱田裡種植的陸稻，原產於東南亞山區，需水量不到水稻的五分之一，只要依靠自然降雨就可生存的熱帶粳稻爪哇稻（*Oryza sativa subsp. javanica*），經由南島民族遷徙帶至亞洲各地。前文提到宋代時引進的占城稻，品種便源自於爪哇稻。

後來移民至臺灣的大陸先民，則帶來了米粒長但黏性差、種植於亞熱帶及熱帶地區的秈稻（*Oryza sativa subsp. Indica*），米粒中蛋白質和直鏈澱粉含量均高，支鏈澱粉約占七五％、直鏈澱粉占二五％，由秈稻碾出的米就是秈米，也是我們現在所說的在來米。清代時臺灣原有的稻米除了旱稻外，就是秈米與秫米（即糯米），糯米用來作為糕餅、粿品的原料，秈米則作為食糧。

中國大陸淮河以北及日本等溫帶、寒帶地區，種植的則是黏性較高、米粒圓短、口感軟硬適中的粳稻，其支鏈澱粉約占八〇%至八五%、直鏈澱粉則占一五%至二〇%，而粳稻碾出的米稱為粳米。**世界上只有臺灣把秈米稱為「在來米」（港澳稱「絲苗米」），粳米稱為「蓬萊米」。**

在來米是「一直以來都在」的米

日本開始殖民臺灣的隔年，以「工業日本，農業臺灣」為口號，希望臺灣種植的稻米能補充日本國內的食糧，解決他們糧食短缺的問題。於是引進了日本的粳稻在臺試作，但因為粳稻適合生長在溫帶地方，因此無法在位處亞熱帶的臺灣種植成功。

一九二一年時，臺北州的農務主任平澤龜一郎發現，陽明山的竹子湖大屯山高臺地氣候類似日本九州，便建議總督府的中央研究部在此試種日本水稻，於是開始於海拔略高的大屯山、七星山谷間栽培粳稻，之後更下移至淡水、士林之平地，接著擴展於臺北州一帶，再進入新竹州、臺中州。至一九二六年時，粳稻的耕作面積已達十萬甲以上，收穫達百餘萬石，其中約八成輸出日本內地。

不過在地理環境氣候的差異下，日本技師雖然在北部山區如淡水、三芝、金山等涼爽的山坡地，初期栽植日本稻能夠成功，但只要移植到平地種植，都會因為臺灣炎熱的氣候而全軍覆沒。一九一五年兼任臺中州農事試驗場技師、研究稻作改良的磯永吉，看到時任嘉義農事試驗場基層技師的末永仁，在臺灣農事報發表文章寫稻作改良方法，十分激賞，

時任臺中州農事試驗場技師的磯永吉（左）與末永仁（右），從兩種日本稻品種雜交育成的臺中 65 號，解決了日本米種不適應臺灣氣候、難以種植的問題，磯永吉也因此被稱為「蓬萊米之父」。

於是將他提拔到臺中州農業試驗場擔任主任技師。日本米種的種植問題，是經過末永仁採用「幼苗插植法」的栽培技術，才得以於臺灣的平地栽種。之後末永仁在磯永吉的指導之下，將日本稻的「龜治」與「神力」兩品種雜交育種出適合臺灣耕種的粳米品種「臺中六十五號」，磯永吉也因此被稱為「蓬萊米之父」。

蓬萊米這個名稱起源於一九二六年，日本為了行銷臺灣所生產的日本粳稻，特別舉行了「大日本米穀大會」，會議中磯永吉提出三個名字作為臺灣產日本米的商品名，包括：蓬萊米、新臺米及新高米，當時的臺灣總督伊澤多善男選出「蓬萊米」，這個專有名稱便一直沿用至今。蓬萊稻於一九一二年開始試種，到一九二六年正式命名時，栽培面積已超過十萬公頃，一九三五年時達到三十六萬五千多公頃，正式超越秈稻的種植面積。

蓬萊米輸往日本內地的其中一個原因，在於平抑內地米價。第一次世界大戰後的一九一八年，日本爆發「米騷動」事件，當時日本生產的米糧都運往歐洲賺取外匯，供需失調導至國內米價上揚，米商和地主又爭相囤積，終使日本米價飆漲，釀成一連串憤怒的窮民搶奪米店的暴動。日本政府有鑑於此，便於一九二一年四月二日以法律第三十六號公布《米穀統制法》，以調節米穀之供需以平抑米價。其規定包括：

一、政府為調節米穀之供需而認為有必要時，得進行米穀之買入、賣渡、交換、加工或貯藏。

二、政府為調節米穀之供需而認為特別有必要時，得以敕令指定期間，增減或免除米穀之輸入稅，或者限制其輸入或輸出。

米穀之買賣價格依時價而定，會被拿來平抑日本米價的米，自然是殖民地廉價之米，起初只選用朝鮮米，等到臺灣蓬萊米培育成功後，也開始輸往日本。臺灣的農民為了生活，也紛紛開始改種植蓬萊米，為了區別臺灣原有的秈米，便以日文漢字中，有著「向來、一直以來、既有」之意的「在來」（ざいらい），將臺灣原有秈米取名「在來米」（ざいらいまい），這也是在來米名稱的由來。

現在普及的蓬萊米，一九七〇年代前沒什麼人吃

日本原本的米種之所以在臺灣平地種植失敗，原因在於品種。稻子為短日照植物，當它感受到日長時間短於某個臨界日長（critical day length，指某一個時間長度，當植物受光照長度大於或小於此一長度時，會促使其開花或不開花），就會開花結果。龜治和神力兩個品種，在緯度較低的臺灣種植，春夏日照時間比日本短，稻子尚未發育完全就提早抽穗，秋冬日照時間比日本長，又會延遲抽穗，可是兩種日本稻的後代臺中六十五號卻對日照長短鈍感，無論日照長或日照短都能正常抽穗結實，以至於一年能種植兩次。

蓬萊米於一九二三年首次在轄域為今臺南市、嘉義市、嘉義縣、雲林縣的臺南州種植，當時種植於斗六郡莿桐庄，稱之為「內地種米」，之後陸續推廣至北港、北門、新營、東石、新化、曾文等七郡，隨著嘉南大圳的開通而逐漸擴張。雖然蓬萊米改良並且種植面積增加，但是由於價格貴、煮成飯時分量變少、吃不習慣等原因，臺灣人普遍食用的還是在來米，甚至到了一九四〇、一九五〇年代（民國三、四十年

代）時，也都還是以番薯籤配在來米為多，直到國共內戰後來到臺灣的外省人較習慣吃粳米，臺灣蓬萊米的食用人口才慢慢增加，至大約一九七〇年代（民國六十年代）之後，食用蓬萊米的比例才超越了在來米。

用稻米賺外匯，農業改良場拚育種

由於臺灣光復初期，面臨農業生產資材缺乏、水利設施被破壞、人口因中央政府遷臺而劇增等問題，糧食需求非常殷切，因此政府採行「先增產稻米，再外銷賺取外匯」，戰後糧食增產之第一階段目標，就是恢復戰前最高產量，年產糙米一百四十萬公噸，此一目標於一九五〇年達成。

除了糧食問題之外，工業生產受限於日本政府之農業臺灣政策影響，可以說毫無基礎（直到一九三四年才完成第一個發電所，相關工廠則為軍需及確立島內自給自足為目的）。要發展工業，便急需賺取外匯，以購買工業生產所需設備及機械，所以糧食增產之第二階段目標，就是以農業支援工業發展，換言之，就是生產更多的農產品供加工外銷以賺取外匯，作為購買設備所需之資金。以一九五七年為例，外銷米二十三萬四千公噸約值三千四百萬美元，占當年外匯總收入之三三%，可見當時稻米外銷對賺取外匯的重要性。這段臺灣稻米發展歷程，又可細分為戰後糧食生產恢復期（一九四六年至一九五〇年）、農業支持工業發展期（一九五一年至一九六一年）、農工業發展轉換期（一九六二年至一九七一年）、加速農村建設期（一九七二年至一九八三年）、稻田轉作期（一九八四年至一九九七年），以及水旱田利用調整期（一九九七年之後）。

臺灣光復前最早推廣之粳稻品種，是由日本九州支場引進、於大正年間推廣的「中村」，後因稻熱病危害嚴重，被選自日本稻「伊豫仙石」的「嘉義二號」取代。而嘉義二號之又被以兩種日本稻品種雜交育成的臺中六十五號所取代，而成為了臺灣光復前後的主要粳稻品種。

一九五九年時，耐寒、適應性廣的「嘉南八號」取代了臺中六十五號，成為臺灣粳稻栽培面積最廣之品種，其他次要品種還包括「嘉農二四二號」、「新竹五十六號」及「臺南一號」。一九六五年，米質優良、植株較高的「臺南五號」被命名推廣，並於兩年後取代嘉南八號成為粳稻排名第一位品種，其他次要品種則有包括「新竹五十六號」，「高雄選一號」及「臺南六號」。臺南五號居領先品種地位長達一、二年後，因該品種較易倒伏，不適合機械收穫，而被強桿且對病蟲害忍耐性強的「臺農六十七號」取代。

由農業委員會農業試驗所技正黃真生、陳源泉、洪信雄、陳正昌育成的臺農六十七號，是臺灣稻米育種上常用的親本（按：改良植物品種時，用於產生新遺傳子的母本或父本）之一，自一九七九年第二期作至一九九八年間，是臺灣地區栽培面積最廣之品種，所占比率曾超越七〇%，為臺灣稻作育種史上居領先地位最久之品種，長達二十年，次要品種還有「臺南五號」、「新竹六十四號」、「臺農七〇號」、「臺粳二號」及「臺粳八號」。

臺粳二號於一九八一年第二期作，先以臺農六十七號與「嘉農育二五二號」雜交為母本，一九八二年第一期作再與「臺南九號」為父本舉行雜交，在一九八四年第一期作選出優良品系「臺南育二〇五號」，經各級產量比較試驗後，由稻作育種小組推薦申請登記命名，於一九八九年六月二十日經農林廳召集之新品種登記命名審查小組審查通過。

臺粳八號自一九九四年起栽培面積僅次於臺農六十七號，排名居第二位，並在一九九九年超越臺農六十七號成為領先品種。目前栽培面積約占粳稻總面積三分之一，次要品種還有臺農六十七號、臺粳二號、「臺粳九號」、「臺粳一號」、「臺粳十六號」及「高雄一三九號」。一九七五年登記命名推廣供農民種植的高雄一三九號，是高雄區農業改良場於一九六八年第一期作，以臺南五號與日本稻「國勝」的雜交一代為母本，再與嘉農二四二號雜交，於一九七一年第二期作選出品系，當時名

蓬萊米（右）黏性高、米粒圓短、口感軟硬適中，在來米（左）粒長、煮出的飯較乾硬，但因蓬萊米煮成飯後分量變少，所以早期的臺灣人並不愛蓬萊米。

為「高雄育九七六號」，一九七五年正式命名為高雄一三九號，之後大都於南部各縣市栽培。

良質米品牌化，臺灣越光米不輸日本

臺灣粳稻自從日本引進以來，幾經雜交育種，曾經有上百種品種，一九八六年時政府推行輔導良質米產銷計畫，將生長條件適合花東日照及土質的高雄一三九號，集中於花東地區種植，深受花東縱谷平原北自花蓮縣玉里鎮、南迄臺東縣鹿野鄉之稻農喜愛，並建立了「池上米」、「關山米」、「富麗米」及「壽司米」等品牌。

至於臺灣稻作史上第一個具有商品名稱的品種，是由臺灣農學家郭益全率領團隊，將由日本引入的「絹光」，與臺灣本土品種「臺粳四號」配種，培育出米粒短圓飽滿、黏性及彈性均佳，並有一股宛如芋頭濃厚香氣的「臺農七十一號」，為紀念團隊負責人郭益全博士，特地將之命名為「益全香米」。相對於益全香米是臺日混血的香米，「桃園三號」則是由臺粳四號和臺粳二號原種雜交十多年後，育成的百分之百臺灣本土種香米，由於育成地在桃園縣新屋鄉，且香味有濃郁宜人的芋頭香，因此命名為「新厝香」。

有「壽司米」之稱的臺粳九號，口感軟硬適中、兼具黏性與米香，是一九八〇年代，臺中區農業改良場研究員許志聖透過品種改良與雜交，花費十二年時間所培育出來的指標性本土種。一九七五年至一九八一年間，臺灣在經濟發展之下，水稻耕稼面積逐年遞增，相對食米消費量卻逐年減少，於是臺中區農業改良場稻作研究人員興起以高品質米提高消費量的構想，在一九八五年間選育出黏性、硬度適中，咀嚼後香甜的新品系臺粳九號。

許志聖博士以經過γ射線誘變、具有與越光米相似的優良米質、但株高較矮的「北陸一〇〇號」為母本，自國際稻米研究所引進觀察的「IR-五四七〇」選出，具有良好株型的「臺農秈育二四一四號」為父本，雜交後代選育。自一九八一年開始育種，於一九九三年三月三十一日經第十七次種作育種小組會議審查通過，一九九三年六月二十三日復經水稻新品種登記命名審查委員查通過，命名為臺粳九號。

日本於一九五六年登錄之「農林一百號」，因為原產地福井縣及新潟縣在古代稱為越州，因此取名越光，意謂「越州之光」，在一九七九年躍居日本水稻栽培面積之首，也就是我們熟知的日本越光米。二〇一二年臺灣大學農藝系教授林彥蓉與臺南區農業改良場研究員陳榮坤、羅正宗，將農林一百號導入臺灣品種特有的日長不敏感基因，花費五年育成適合於臺灣環境栽培的優質品種「臺南十六號」（商品名「晶鑽」），因此又被稱為臺灣越光米。

臺南十六號是利用分子輔助選種技術，以非基因改造的方式，把越光導入日長鈍感基因，是採用回交育種法，以臺農六十七號為提供日長鈍感特性的貢獻親，越光作為輪迴親，使兩個品種交配，從其子代選出帶有臺農六十七號的日長鈍感特性，再度與越光交配，其子代同樣再選擇帶有臺農六十七號日長鈍感特性的，再與越光交配，重複進行三至四次的回交，把日長鈍感特性轉移到越光。如此在每一次篩選時，選擇帶有臺農六十七號日長鈍感基因，且其他背景與越光相近的子代，後代的遺傳背景會越來越接近越光品種，但仍然保有臺灣本土品種的日長鈍感特性，這樣除了少數幾個日長鈍感基因來自臺農六十七號外，其他的遺傳背景幾乎與越光沒有差別。

4 有沒有臺灣料理與臺菜？

一八九五年五月，跟隨第一任臺灣總督樺山資紀抵臺的日本官員佐倉孫三，是日本福島縣二本松市人。他在臺期間擔任學務、警務等工作，因職務之需，得以遊歷臺灣各地，且由於師承日本著名漢學家三島毅，因此精通漢文，他將在臺所見所聞著成《臺風雜記》，即是以漢文書寫。他在書中提到鴉煙（鴉片）、祈禱者、牛糞代炭、道路不潔、歌妓、選茶婦等描述；關於臺灣人的飲食習慣，則寫下了「臺人調理食物，大抵用油」、「臺人食野蔬，最嗜葷類，蔥子、蒜子之類」、「臺人嗜豬肉」、「臺人嗜獸肉，不嗜魚肉」、「臺人嗜獸肉，而不嗜牛肉」等描述。

一八九六年隨軍記者權藤震二在其《臺灣實況》中，也大量描寫了臺灣當時的飲，則枵然無一物者，比比皆然。噫！髯之價日下，多髯亦不足誇也。

評曰：淸人蓄髯，有一定律；我邦人則不然：貴紳而不蓄者有焉、賤夫而留髯者有焉。是以我軍之入臺也，土人目有髯者爲貴人，厚禮待之。官衙之屬隸、役夫、商工之有髯者，誤受土人之尊敬者，往往有焉。後覺髯之有無，不關人之年齒、貴賤，而髯之價亦隨定云。

油　熬

臺人調理食物，大抵用油。凡自鳥獸魚肉至蔬菜類，不用油熬，則不上於口。是以街上室內，油氣浮浮然、濛濛然。而日用器物，滑澤似泥。不啻器物，肌膚衣服亦皆含油氣，不快甚。余始來此土，登其所謂「支那料理店」者，桌上所排列食品，皆用油熬煮，雖美則美，既厭其濃厚，即罵曰：「是非食殺，食油也」！今也慣習久，而油熬下物，適腸胃；可謂奇矣。

評曰：聞天候溫熱之境，不食油與肉，則體氣枯瘦，不堪勞働；臺人之調理法，蓋有見於茲歟？

嗜　葷

臺人食野蔬，最嗜葷類。葱子、蒜子之類，堆積於市上。唯蒜之臭氣酷烈，食後與客對談，臭𤇾撲鼻；既爲厠中物，而猶放異臭，是可忌耳。日東人亦嗜葷，葱韭類繁茂

臺風雜記　　三五

日本著名漢學家三島毅以漢文著成《臺風雜記》，對於臺灣人飲食有很詳細的描述，其中用油習慣形容：「凡自鳥獸魚肉至蔬菜類，不用油熬，則不上於口。」

食狀況，主要提到臺灣人以米為主食，幾乎很少食用雜穀；肉類以豬肉最常食用，也最為重要，其他尚有雞、鴨、鵝和鳩等家禽；蔬菜幾乎與日本國內無異，最常食用的是韭菜，其次為長豆、蔥、白蘿蔔、芋頭和牛蒡等，烹煮時同樣用油，混合著豬肉一起煮。

此外，醃菜亦為重要副食品，除根莖類、葉菜類外，還有生薑、辣韮和瓜類，烹調時肉和菜的使用比例約二比八。日常有兩次正餐，早餐多吃粥配上兩、三樣醃菜、花生和煮豆；午餐和晚餐則按貧富有不同分量的菜和肉，其中以晚餐最為豐盛，普通人家通常吃四、五道菜，外加兩、三種醃菜。

就烹調方式而言，一是臺灣人不論料理肉類、魚類或蔬菜類，都要先過油，接著再加上鹽和調味料；二是臺灣人烹調食物一定得藉豬肉調味，家家戶戶均如此，其使用之頻繁和日本國內的柴魚無異。此外，臺灣的菜餚皆富含湯汁，趁熱食用，烹調方法則會將食材天然的生味去除，即便是醃漬物，仍需先以油烹煮後才食用。

一八九八年之前，臺灣只有「支那料理」

由於當時的日本人喜好品嘗食物原味，因此對於臺灣人將各種食物混在一鍋烹煮的方式很不習慣。而且日本人偏好生食和水煮的菜餚，臺灣人則不喜生食，因此臺灣的菜餚難以獲得來臺日本人的青睞，研究論文〈日治時期臺北地區日本人的物質生活（一八九五年至一九三七年）〉提到：

> 以白蘿蔔為例，臺、日兩國皆有生產，但日人認為臺灣的白蘿蔔頭尾兩端都呈尖狀且體積較小，品質較粗劣，用來製造醃漬品效果不好，因此大多仍由日本國內引進；又如白米，磯永吉對臺灣米的評價是：「無論哪一品種煮出來的飯味道都很淡、黏性低，尤其是冷飯缺乏黏稠性，無法料理日本人喜愛的壽司；欲得軟硬適中的米飯還是得用日本米。」

日據時代初期，臺北地區料理店和飲食店皆十分盛行，按一八九六年九月的統計，臺北三市街（按：指艋舺、大稻埕、臺北府城內等三個區域）由在臺日人經營的料理店便有一百零七家、飲食店三十五家。此外，受到軍政時期奢靡風氣，與一八九六年四月開放女性自由來臺等因素的影響，原先提供簡單膳食的料理店逐漸變質，高級料理店越來越興盛，而其餘店家則發展成情色場所。加上自明治維新以來，西方食物被日本人視為營養、流行的象徵，對西方飲食的熟悉度，亦被拿來作為判斷有無教養的指標，西洋料理也隨著日本人來到臺灣，在臺北之西洋料理店有臺灣樓、明治樓、衛生軒、玉山亭、三友亭和開進亭等店家。

當時臺灣的高級筵席被日人稱為「支那料理」，而臺灣目前所知的最早菜單，為日本剛開始統治臺灣時，於一八九六年發表在《風俗畫報》的〈臺灣土民の風俗〉一文，所記錄的菜餚只有燒鴨、八寶菜、紅燒魚、加里（按：咖哩）雞、清湯魚翅、蓮子湯等數種。

臺灣料理較完整的面貌，是到一九〇二年日人通譯新樹在《臺灣協會會報》發表的〈臺灣の宴席及料理〉才有記錄，雖然不是一本專述菜餚種類與作法的專文，而是主要介紹臺灣宴席活動的相關禮儀、用詞，兼述宴席常見的各種菜餚及其作法，且蒐錄的菜餚種類只有四種之多，但該文以臺灣料理的烹飪方式分成湯類、羹、炒、煎等類別，再依據類別敘述各種菜餚的原料與製作方式，使得「臺灣料理」有了初步的系統性架構與內涵。

至於臺灣有史以來第一本烹飪專著，則是一九一二年出版、先後擔任巡查、法院通譯、臺灣總督府警察官等職、餘暇研究臺灣本地語言的林久三所著之《臺灣料理之琹》一書（琹，音同刊，為書籤之意），書中記錄的烹飪方式除了湯、羹、炒、煎之外，又增加了蒸、煠（讀音ㄙㄚˊ，指白水煮），菜餚的數量也增加為六十二種。而「臺灣料理」一詞，則是最早見於一八九八年一月十八日，當時臺灣第一大報《臺灣日日新報》中對臺南辦務署新年宴會的報導。

天皇巡臺灣，吃的是「殖民地料理」

一九二三年四月，日本攝政宮皇太子裕仁親王（後來的昭和天皇），應時任臺灣總督田健治郎的邀請，搭乘大日本帝國海軍第一艘超弩級巡洋戰艦「金剛」造訪臺灣，史稱「臺灣行啟」（行啟指天皇或等同天皇地位的人離開皇居視察殖民地），又稱「東宮行啟」。當時的臺灣總督田健治郎在臺北御泊所（按：今為臺北賓館）安排了臺灣料理的宴席招待裕仁，不過這餐「臺灣料理」並非臺灣人吃的菜餚，而是用料理展示臺灣這處殖民地的特色風味，是一種「殖民地料理」。

當年的菜色由當時名滿臺灣的江山樓與東薈芳兩家餐廳、八位廚師共同負責，宴席共分為上半席、鹹點、下半席，上半席有雪白官燕、金錢火雞、水晶鴿蛋、紅燒火翅、八寶焗蟳、雪白木耳等菜色；鹹點為炸春餅；下半席有紅燒水魚、海參竹茹、如意鯸魚、火腿冬瓜、八寶飯、杏仁茶，當年《臺灣日日新報》還刊載詳細作法：

- 雪白官燕使用南洋產的燕窩，浸泡熱水後清洗，再以冰糖調味而成。
- 金錢火雞是將豬肉切成銅幣大的薄片，將蔥、荸薺以及火雞夾兩片豬肉中，再蘸蛋液與麵包粉油。
- 水晶鴿蛋要先用高湯調味雞肉與菇蕈，再擺入盤中，上面放置鴿蛋。
- 紅燒大翅必須以熱水清洗本島產龍文鯊魚背鰭的魚翅，先浸泡在清水中三天，再用油煎，與雞肉、蔥、酒一起調理後，將雞肉等其他配料放在魚翅之上。

・海參竹菇用馬尼拉產的海參，清水泡三天後用高湯與竹筍、菇一起熬煮而成。

・如意鯳魚中的鯳魚用本島產的臺灣鱧，剔除骨頭、切成薄片，包裹雞蛋、火腿以及太白粉，放入蒸籠蒸煮。

・火腿冬瓜將冬瓜切成骨牌狀，中間夾火腿蒸熟後，再以高湯熬煮。

・紅燒水魚就是紅燒甲魚。

・八寶飯是將糯米蒸熟後，混入蓮子、銀杏、冬瓜、柿子乾、花生、白糖、豬白肉等七種材料調味而成。

・杏仁茶使用甘肅產古桃果實，澆上熱水後剝皮、磨粉，過濾後加入冰糖調製。

菜色不僅融合了各式中華料理的精髓，以及運用燕窩、白木耳、螃蟹、水魚（鱉）等高級食材外，也運用了臺灣本土特有的食材。

臺灣料理從江山樓、蓬萊閣開始

當時八位廚師以江山樓的創辦人吳江山為首，江山樓於一九二一年創立於臺北大稻埕日新町二丁目一八六番（今臺北市大同區重慶北路、保安街、歸綏街與甘州街所圍成的區塊），為四層樓紅磚建築，與東薈芳、春風樓、蓬萊閣並稱四大酒家，有「江東春蓬」之稱。

一九二〇年代時江山樓的主廚有兩位，一是吳江山的同鄉吳添佑，也就是御宴的主廚，早在昭和太子來臺之前，吳添佑即曾受總督田健治郎禮聘，赴日到其宅邸置辦宴菜，在眾多官商賓客前

江山樓以「臺灣第一支那料理」為號召，並設有女侍服務，當時還流傳著「登江山樓，吃臺灣菜，聽藝旦唱曲」盛讚江山樓之美盛的俗諺。

臺灣的味道去哪吃

臺菜——吃美味，也吃好意頭

想在臺北吃到復古的臺菜，臺北福華「蓬萊邨」就推出了三十多道懷舊的復刻臺菜；另外，仁愛路上的「山海樓」手工臺菜餐廳，則找來曾師從蓬萊閣黃德興師傅的蔡瑞郎（郎師），傳承 1920 年代的傳統手路菜。

而老字號的欣葉餐廳也曾推出「臺菜宴」，重現古早味花生潤餅卷、龍蝦沙拉、孔雀烏魚子、八寶肝爉、干貝魚皮燉燒子排、千層大蝦、巧味潤餅、四神上湯等費工手路菜。其中源自北投酒家菜的肝爉，傳統是用豬肝、豬板油及豬肉一起手工剁碎後，拌入切丁的荸薺、醬油蒸製，吃起來類似於蒸蛋和布丁的綿滑細潤口感。

這道菜之所以曾經常出現於酒家菜中，除了當時豬肝昂貴之外（以前豬肝價格多在豬肉的五倍以上，是昂貴的補品），也因為豬肝的臺語諧音「做官」，在酒家吃菜喝酒時有好的寓意。如今這道菜沒落，及豬肝價格下滑，主要在於出現了抗生素殘留和膽固醇含量高等健康問題。

展演臺灣料理；另一位洪連魚則是原任職於東薈芳，江山樓成立後被挖角，成為另一要角。

「江東春蓬」四大酒家中，歷史最早的是創於一八八四年（光緒十年）的東薈芳，以閩菜為主。吳江山在創辦江山樓之前，是東薈芳的股東，一九一三年時因與另一股東有經營糾紛，便一怒之下獨資創立了江山樓。十餘年後東薈芳倒閉，有一富商股東在原址重新開業，並改名蓬萊閣。

蓬萊閣位於日新町，也就是今日的南京西路與華亭街交叉口，當時是臺灣最豪華的飯店，名流巨賈飲酒酬賓，經常成為文人聚會場所。一九二七年國父孫中山逝世兩週年的臺北華僑紀念會，以及一九二八年蔣渭水的「臺灣工友聯盟」成立大會，都是在此舉行。之後蓬萊閣易主，新頭家接手後大舉更新設備，更親赴北京、天津、上海、南京、福州、廣東、香港等地，不僅考察這些地方的菜色，更延聘當地廚師來蓬萊閣掌廚，推出廣東菜、四川菜和北方菜。一九三七年左右，蓬萊閣出版《支那料理：蓬萊閣》一書，其中記錄的菜餚分成福建式、廣東式、四川式等，總數達到一千多種。

吳江山創辦江山樓後，以「臺灣第一支那料理」做廣告，並設有女侍服務與飲酒空間，吸引政商名流、文人雅士流連。當時還流傳著「登江山樓，吃臺灣菜，聽藝旦唱曲」這句俗諺，盛讚江山樓之美盛。吳江山對料理十分講究，曾在《臺灣日日新報》發表二十多篇〈臺灣料理の話〉系列文章，除了對臺灣菜的原理、與支那料理的淵源和差異，以及幾種主要材料的烹調特性進行論述外，還詳細介紹各種菜色的烹調方式，數量達八十七種，是當時內容最豐富的臺灣料理食譜。

在吳江山領導之下，江山樓不只重視烹調，也很注重食材的特性，比如冬菜鴨這道菜，一般的臺灣食譜只記述：「將整隻鴨子和冬菜一起入鍋中烹煮至軟爛。」但在〈臺灣料理の話〉中所記載的「冬菜控鴨」，則強調冬菜須使用天津出產的津冬菜，鴨子得先以白水煮熟，將去骨後的鴨肉切成長一寸三分、寬五分的肉片，再與高湯、醬油、冬菜等放入蒸籠蒸三十分鐘，不僅要求刀工，整個程序還分成煮與蒸兩道工序，格外講究。

根據臺北秋惠文庫收藏之《江山樓案內》，江山樓將主要食材區分成：燕窩、魚翅、雞、鴨、鴿、蝦、蟳、鱉、鰻、鮑魚、海參等，並把料理分為簡易料理，例如有炒麵、炒米粉、燒賣、八寶飯、炒蛋飯、炒蟳飯等，以及像燒全乳豚、火鍋、品鍋等，在特定場合招待客人的特別料理。相較於〈臺灣の宴席及料理〉、《臺灣料理之栞》以烹調方法分類，《江山樓案內》和《支那料理：蓬萊閣》以主要食材進行區分，更能突顯菜色豪奢，但《支那料理：蓬萊閣》內容更顯多樣化。

自詡「臺灣第一料亭」的江山樓備感壓力，當時有八十餘名員工，在日本人為主的「城內」榮町（今衡陽路），亦早開有支店，可見其規模，蓬萊閣開業並成功經營後，江山樓與蓬萊閣便成為大稻埕兩大旗亭。一九二八年臺北市「北區料理屋飲食點組合」創立，吳江山先後擔副組合長及組合長；一九三五年吳江山病逝後，江山樓由其子嗣接掌，持續經營至一九五五年結束營業，建物曾轉賣給徐傍興醫師，改建為徐外科醫院，之後在一九七〇年代拆除，現在已是普通的商業大樓。

第六章

回歸中華民國，以麵代米

1 一紙宣言：臺澎歸還中華民國

自一九三七年七月七日爆發盧溝橋事變，經過淞滬會戰、南京保衛戰、武漢會戰、長沙會戰，到後期的湘西會戰和桂柳反攻作戰，經歷了二十二次大規模會戰、兩百餘次重要戰役、近二十萬次大小戰鬥的八年抗戰後，國軍終於在一九四五年四月六日到六月七日爆發的湘西會戰中勝利，美軍也在一九四五年八月六日與八月九日，分別在日本廣島市和長崎市各投下一枚原子彈。

另一方面，蘇聯進攻日本控制的偽滿洲國、擊敗日本關東軍，並占領了庫頁島與千島群島等地之後，日本接受了《波茲坦協定》（*Potsdam Agreement*），第二次世界大戰於一九四五年八月十五日，在日本宣告投降中而結束。中華民國根據《開羅宣言》（*Cairo Declaration*）第二條：

> 三國之宗旨在剝奪日本自一九一四年以後，在太平洋所奪占之一切島嶼，使東北、臺灣及澎湖群島歸還中華民國，逐出日本以武力攫取之所有土地。

於一九四五年十月二十五日，由臺灣省行政長官公署行政長官陳儀代表盟軍，接受臺灣總督府最後一任總督安藤利吉代表日本政府簽署的降書。中華民國國民政府接管原由大日本帝國統治的臺灣與澎湖群島等地，日據時期結束，臺灣光復。

而自一九四五年八月十五日日本宣布投降，到十月二十五日臺灣地區的受降典禮，由陳儀代表盟邦將領蔣中正接受安藤利吉降書的這段時間，蔣中正於八月二十九日任命陳儀為「臺灣省行政長官」，於九月一日在重慶宣布成立「臺灣省行政長官公署」與「臺灣省警備總司令部」，同時命陳儀兼任「臺灣省警備總司令部」的總司令，接收人員前進指揮所副主任范誦堯等人，分別在十月五日至二十四日由上海或重慶飛抵臺灣。

另一方面，出生於臺中的臺灣金融界先驅、美國哥倫比亞大學（Columbia University）經濟學博士陳炘，則在臺中發起歡迎國民政府籌備會，臺灣日據時期最具代表性的臺灣議會民主運動者林獻堂，與長期擔任林獻堂祕書的葉榮鐘等人，後來也加入。

一九四六年八月，臺灣民主國副總統丘逢甲之子丘念臺籌組「感恩團」，由省議員林獻堂擔任團長，與陳

位在臺北市中正區的臺北公園，在 1990 年時任行政院長郝柏村的建議下，興建二二八和平紀念碑，1995 年落成，隔年臺北公園正式更名為二二八和平紀念公園。

炘、李建興等十五人，對國民政府將臺灣重新納入中國領土並結束戰爭狀態表示感謝。感恩團名單確定後，經該團成員商討後，決定取消感恩團名稱，改為「臺灣光復致敬團」，而「光復」即為「臺灣光榮回復到中國領土」，亦是日後臺灣光復說法的由來。

清廷統治臺灣初期有三大民變，日本據臺初期有各種武裝抗日事件，臺灣光復後不久，則因為米荒及物價飛漲等問題，行政長官公署施政失當，加上政府部門中高階層多任用外省人，引起本省籍知識菁英的失望，使著社會上的不滿情緒不斷累積。

隨著經濟日益惡化，及行政長官公署的貪汙腐敗與行政失措，臺灣民眾對政府的態度已由原先的歡迎轉為抱怨，民怨逐漸升高，終於在一九四七年二月二十七日傍晚引爆。當時在現今延平北路與南京西路口附近的天馬茶房，有一名寡婦林江邁販賣私菸，被臺灣省專賣局臺北分局的六名緝私員查獲，並以手槍敲打頭部而失血昏倒。周圍民眾群情激憤、包圍查緝員，查緝員從現場脫逃時開槍示警，卻誤擊斃一名旁觀的民眾，導致場面失控，之後群眾集結包圍警察局及憲兵隊，要求交出肇事人員，引爆「二二八事件」。

2 麵留著自己吃，米出國賺外匯

臺灣自原住民時代一直到後來漢人大量移居，稻米一直都是臺灣人民的主食。到了二戰後期，因戰爭動員下徵調了大量人力與物力，加上盟軍的轟炸，糧食生產開始不足，因此在國民政府接收臺灣時，這個島上的糧食供應已成了嚴重的問題。

光復初期，各省都有派赴臺灣進行接收作業的人員，政府必須設法從大陸地區購買麵粉，以供麵食製作，之後隨著國共內戰國軍的節節敗退，自一九四八年下半年開始，各省包括軍人、政府人員、中央民意代表、教師等階層與其眷屬，也紛紛來到臺灣。最後，在國軍傷亡一七一·一萬人、被俘四五八·七萬人、投降六三·四萬人、易幟一一五萬人的結局下，國民政府於一九四九年十二月七日決定遷往臺北。

這一波遷臺的軍民約為一五〇萬人，接近當時臺灣總人口數的二五％，時任臺灣區生產事業管理委員會副主任委員、有「臺灣工業之父」之稱的尹仲容推動「以麵代米」，認為進口小麥來替代稻米，是一條可行之路。

不過，「以麵代米」的目的，並非以麵食來替代米食，研究論文〈戰後臺灣推廣麵食之研究（一九四五～一九八〇）〉指出，此舉是要讓臺灣進口國際上價位較低的小麥，分配各麵粉工廠生產後，再將麵粉提供給原本配給、配

嘉南大圳改變了臺灣耕地型態，農民為求取更高經濟效益，紛紛棄種小麥，改種甘蔗或稻米等其他作物。

售白米或擁有糙米、稻穀的軍公教人員、礦工、農民與一般消費戶等，按一定比例交換後，再將所得的白米販售出口，以達到增加外匯之目的。也就是說，其本質並非要改變飲食習慣，而是要透過比例上的交換，進而以稻米來賺取外匯。

根據臺北臺灣總督府殖產局一九二二年的《臺灣農家食糧消費調查》，農民成人米食的消費量，平均每人每天為臺北州八百二十一公克、新竹州五百八十六公克、臺中州七百零六公克、臺南州五百六十六公克、高雄州六百六十二公克，每州再各有不同的番薯摻混率。

至於臺灣的小麥，是荷蘭統治臺灣的一六二四年至一六六一年期間，招募漢人開墾興業時由中國內陸引入，同時還帶來了石磨製作麵粉。自明鄭至清代，小麥成為次要糧食作物，在南部的面積最高曾達到七千餘甲，不過在日據時期因日本殖民政府大力獎掖糖業，加上嘉南大圳峻工，農民為求取更高的經濟效益，紛紛轉作甘蔗或其他雜作。因此，在來種小麥田面積自一九二二年起逐漸減少，至一九三一年種植面積已僅剩五百公頃，只有極盛期的十六分之一。而臺灣稻米的收穫量則是在一九三七年達到了一百四十餘萬噸的歷史新高，但一九三六年八月至一九三七年七月所統計之臺灣各地農民的主食消費量，卻減少為臺北州四百六十一公克、新竹州四百六十七公克、臺中州四百五十二公克、臺南州三百三十六公克、高雄州三百九十八公克。

抗戰勝利後，國民政府派員接收臺灣時，該年度之稻米產量僅有六十三萬餘公噸，遠低於當時全臺人口最低消費需要的八十五萬餘公噸。國民政府來臺初期的一九五〇年三月至一九五一年二月，各地農民每人每日的米食消費量估計為北部五百六十九公克、中部五百二十九公克、南部三百二十一公克，且仍舊以稻米摻混番薯為主，北部、中部、南部的稻米、番薯摻混率分別是一比〇．三一、一比〇．五五、一比一．三三。而在糧政單位努力推動下，一九五〇年度的稻米產量已回升至一百四十二萬公噸，還超過日據時期（一九三七年）一百四十萬公噸的最高產量。

一九五六年，中國農村復興聯合委員會與臺灣省立農學院合作，進行了中華民國政府遷臺後，首次針對臺灣各地區以戶為單位的主食消費調查，當時調查農戶三百八十二戶、非農戶四百一十八戶，總計共八百戶；在農戶方面，每人每日平均消費白米四百四十三公克、蕃薯兩百二十一公克及麵粉一公克；非農戶方面，每人每日平均消費白米三百五十六公克、蕃薯二十公克及麵粉十一公克。此次的主食消費調查報告，與過往調查最大之不同，在於開始將麵粉列為主食項目加以調查。

三七五減租，米外銷爆增

自明末到清代，跨海來臺的移民先人大都為閩、粵二省，主食以米飯為主之閩南、客家兩大族群，麵條多半只是作為點心或外食餐飲，另外會使用麵粉的還有糕餅業。根據一八九六年的調查顯示，鹿港十四家小吃店中，大部分為麵店，每日顧客從數十人至百餘人不等，營業額多在一元至四元之間，只有一家位在廟口的「趙貓麵店」生意特別興旺，每日有三百多人光顧，營業額高達十元。

原擔任總督府米穀局顧問的李連春，在一九四六年接任臺灣省糧食局副局長，後升任局長，其任期長達二十四年，是臺灣光復初期米糧界與臺灣近代糧政之重要人物，在他領導之下的臺灣省糧食局，訂立了第一次糧食增產五年計畫，先後採取的措施包括：

一、透過善後救濟總署，設法購入肥料，並恢復原有肥料生產。同時，成立肥料運銷委員會，專辦肥料配銷業務。

二、貸放農民生產基金，指撥專款，以低利率貸給農民周轉，於收成時折價收回稻穀。

三、廉價供應農民生活必需品，除了壓低食鹽價格統一供銷外，並向外購入棉布、鹽魚、腳踏車等生活必需品，用成本價格供應農民，以增進農民福利，鼓勵農民種稻。

四、實行耕地三七五減租，減輕農民負擔。

五、修復水利設施與灌溉系統，以利恢復稻米生產。

其中的《耕地三七五減租條例》於一九五一年六月七日以總統令公布施行，規定佃農對地主繳納的地租，以全年收穫量的三七．五％為上限，現有地租高於三七．五％者須降至此標準，低於此標準者則不得提高。後來又分別於於一九五一年實行

「公地放領」、一九五三年實行「耕者有其田」。這些政策將地主的大片土地轉給農民，地主除了獲得股票、債券作為補償外，還能保有部分土地，不但消除了地主武力反抗的風險，還讓部分佃農轉而成為自耕農。此一時期的糧食政策，讓臺灣在一九五〇年的下半年，已有一部分餘糧可供外銷，從一九五〇年七月一日至一九五一年六月底，一年時間便出口七萬七千噸稻米至日本。

南島不宜種小麥，美援進口比較快

二戰後，美國開始對戰爭破壞後的西歐各國進行經濟援助，其官方名稱為「歐洲復興計畫」（European Recovery Program），又因時任美國國務卿為喬治・馬歇爾（George Marshall）而多稱為「馬歇爾計畫」（The Marshall Plan）。這項經濟援助除了歐洲之外，在韓戰後也在亞洲第一島鏈與其他第三世界國家實施，援助中華民國政府的《一九四八年援華法案》（*China Aid Act of 1948*）即為其中之一。

不過隨著一九四九年初，國軍在遼西、平津、徐蚌三大會戰失利，美國政府對中華民國政府由支持轉為放棄，對華援助也隨之中止；直到一九五〇年六月二十五日韓戰爆發之後，美國總統杜魯門（Harry S. Truman）於六月二十七日宣布「臺海中立化」，並派遣美國海軍第七艦隊巡弋臺灣海峽，才又恢復美援。

前文提到，臺灣在來種小麥田面積自一九二二年起開始漸少，話雖如此，但人民對麵粉的需求，卻因為飲食文化的改變而與日俱增，導致必須由中國大陸、美國、加拿大及澳洲等地進口，包括一九三五年從日本引進早生品種「埼玉二七」、「昭和早生」及「江島神力」，以及從美國引進春小麥「Florence」等品種，臺灣才逐漸提升較多的小麥種植面積。這些小麥品種中以埼玉二七及昭和早生最為優良，但可惜有容易感染赤銹病的缺點，因此臺中農林改良場於一九四一年將上述品種雜交改良後，育成小麥優良品種「臺中三一」。

國民政府遷臺後，雖然一開始獎勵小麥的種植，一九六〇年的收穫量更達到四萬五千公噸，是臺灣有史以來小麥收穫量最高的紀錄，不過由於臺灣整體氣候並不適合小麥生長，唯一較適宜栽培小麥的臺中地區，又適於種植白菜、甘藍、亞麻及甘藷等，每公頃純收益比小麥更優厚的農產品。在臺灣產小麥品質不佳的情況下，美國以其《四八〇公法》（*Public Law 480*），有大量剩餘農產品可廉價供應等原因，不再獎勵中華民國政府的小麥種植，改為出口小麥給臺灣來滿足需求，一直到一九六三年，透過美援進口的小麥百分比一直維持在九四％以上。

《四八〇公法》是美國國會在一九五四年七月十日由總統艾森豪（Dwight D. Eisenhower）簽署的法案，全名為《發展農業貿易及協助法案》（*the Agricultural Trade*

1951 年起的 14 年間，美國經濟援助臺灣近 15 億美元，1963 年時臺美簽署第二批貸款 1,500 萬美元合約，由時任經合會（現已改制為國發會）副主委嚴家淦（左）與美國駐華大使賴特（Jerauld Wright，右）代表雙方簽字。

Development and Assistance Act of 1954），經由此法案，一方面將美國剩餘的農產品贈與那些食物不足的國家，打擊飢荒和扶持受援國的經濟，另一方面也為美國農產品尋求新的市場，促進美國外交政策發展。

全民麵粉運動

中華民國政府在規畫第一期四年經濟建設計畫時，提出的「以農養工」與「進口替代」等政策，研擬進口小麥取代進口麵粉。由於政府鼓勵民間人士籌辦麵粉工廠，加上原本進口美援麵粉之政策已轉為進口小麥，麵粉工業原料無虞匱乏之下，當時的臺灣區生產事業管理委員會副主任委員尹仲容，即提議扶植麵粉工業，許多麵粉廠相繼申請設立。

在第二次世界大戰前，臺灣雖然已有幾家麵粉廠，但稍具規模的僅有基隆麵粉廠一家，年產能力約一萬公噸左右。有了美援小麥之後，一九五三年受配的麵粉廠，計有基隆的臺灣農林公司基隆製粉廠；桃園的桃園油脂工業股份有限公司、新生粉料廠股份有限公司、泰益產業工廠;臺中的聯福製粉工廠、大豐麵粉廠、聯華麵粉米穀廠、沙鹿洽益產業廠、豐原金溝製粉廠;臺中農林廳農業加工實驗廠臺中的廣源化學廠;彰化的東亞製粉廠、鹿港曾泉豐製粉廠、隆昌製粉廠、和美順發產業工廠;臺南豐成粉廠及新營永豐棧麵粉工廠。

麵粉工業由一九五〇年僅有個位數的麵粉廠,與年產量不足一萬噸的規模,在短短三年間成長到三十餘家麵粉廠,與年產量近三十萬公噸,麵粉生產量足足成長了三十倍。當時臺灣麵粉的銷售對象,主要是軍隊、來自中國大陸北方的軍民,以及臺灣原本的傳統糕餅製造業與小吃攤,一般民眾的飲食還是以稻米摻混蕃薯為主。在麵粉開始供過於求的情況下,尹仲容即在一九五三年提出了「以麵代米」的主張,並在各場合大力提倡,於是當時逐漸形成了「少吃米、多吃麵食,不僅營養價值高,還可減少家庭生活開支,更能提高國家外匯」的輿論,蔚成一股風氣。

一九五四年七月二十日,臺灣省政府公告《公教人員申請換撥麵粉辦法》,又在八月二十九日公告《麵粉交換食米辦法》,讓麵粉價格低於米價,引導人民普遍改吃麵食。到了一九六二年四月十日,全國工業總會更進一步的召集有關單位代表,商討協助推行麵食政策與辦法，在四月二十八日正式成立「臺灣區麵麥食品推廣執行委員會」及「臺灣區麵麥食品推廣指導委員會」。

從一九六三年六月一日至八月三十一日為期三個月的時間裡，以臺北市為推廣示範地區，設立麵麥食品示範中心，以女性軍公教人員及家庭婦女為對象，開設訓練班，每次招收五十名學員，訓練兩週，共訓練六百人，一面訓練、一面宣傳，推廣成果再推向全臺各縣市家庭及機關。初期之準備工作包括編擬麵食營養說明書與麵食製作技術教材、設計簡易麵食製作工具及麵食推廣掛圖，並遴聘麵食製作講師；同時也招待新聞記者、商請廣播電臺插播宣傳節目、接洽各麵粉廠及工具商供應小袋麵粉及烹飪用具、與臺北市內中小學研究實施供應麵食午餐等。其後還編印分送「家常麵食手冊」；設計手搖製麵機供應至一般家庭；將考察日本麵食推廣情形及蒐集資料編印成叢書，分送各教育單位及衛生醫護機關等一系列活動。

3 不吃牛數百年，是誰打破傳統？

已故臺灣大學新聞研究所兼任副教授陳柔縉，在她《臺灣西方文明初體驗》書中寫道：

荷蘭開發臺灣之前，原住民沒有水田，不用鋤耕，不知道何種甘蔗製糖。荷蘭東來後，看好蔗糖的經濟價值，開始從中國大量召募及船載貧民來臺種墾。臺灣原本沒有耕牛，臺灣史教授林衡道曾指出，荷蘭人「特地從殖民地印尼爪哇運來兩百頭牛作為耕地、種甘蔗使用，這是臺灣黃牛的起源」。

不過，行政院農業委員會畜產試驗所研究人員李光復、吳錦賢、成游貴，在《臺灣黃牛的歷史來源考究與血液蛋白多態性探討》的研究中則指出：

臺灣黃牛在分類上屬於中國黃牛的南方黃牛類型，早可溯及西元六世紀的隋前時代即可能移住臺灣，遲亦於十七世紀的明朝後期即見諸文獻記載上，品種的形成至少近四百年。其間歷經荷蘭人與日本人的統治時期，曾引入印尼牛與印度牛的血緣，但影響均屬有限。從血液蛋白多態性來看，臺灣黃牛不僅與印度牛距離遠，而且具有斑騰牛屬（Bibos banteng）巴厘牛所特有的 HbC 血液型，這是牛屬動物（Bos）中印地卡斯牛或瘤牛（Bos indicus）和特歐羅斯牛或普通牛（Bos taurus）所不具有的血液型基因頻率，亦是中國黃牛與臺灣黃牛獨特的遺傳結構。

由此可知，雖然臺灣原本就有產牛，但是是野牛，由於無法在短時間內馴化，荷蘭人才自其東南亞殖民地引進。

牛只能耕田，連日本人都說不准吃

水牛之馴化約始於西元前四千年的南亞及中國，但自廣東、福建沿海一帶引進臺灣，卻是遲至十六世紀明代末年間的事。與顧炎武、方以智、王夫之、朱舜水並稱「明末五大師」、明末清初經學家與思想家黃宗羲在所著之《賜姓始末》中載：「崇禎間，熊文燦撫閩，值大旱，民餓，上下無策，文燦向芝龍謀之。芝龍曰：公第聽某所為，文燦曰：諾。乃抬餓民數萬人，人給銀三兩，三人給一牛，用海舶載至臺灣，令其發舍開墾荒土為田。」

《臺灣通史．卷二七》亦載：「崇禎年間，熊文燦撫閩，值大旱，謀於鄭芝龍，乃招饑民數萬人，人給銀三兩，三人與一牛，載至臺灣，令其墾田築屋，秋成收穫，信於中土，於是來者歲多。」亦即崇禎年間，福建官員便已讓飢民帶牛隻來臺開墾。而於一七一七年（康熙五十六年）成書的《諸羅縣誌》中，亦有「近來內地載水牛，亦漸孳生」的記載，因此水牛隨先民渡海來臺開墾的時間，應不晚於一六九四年。

而在第四桌所提到的《臺海使槎錄》中，則提到了漢人馴服野牛的方式：「臺灣多野牛，千百成群。欲取之，先置木城四面，一面為門，驅之急，則皆入，入則扃閉而飢餓之，然後徐施羈靮，豢之芻豆，與家牛無異矣。」不過，當時牛的功用只作為耕牛而已，不管是在中國大陸或臺灣，都明命禁止食用。鄭成功部將戶官楊英所撰之《先王實錄》中有載：「禁宰牛。農業，民生大本；牛畜，耕穡重資。若肆牽宰，民將失業，不惟百姓俯仰無資，而且軍糈重賴。自今以後，不許牽取宰殺。敢有故違，本犯梟示，將領連罪。」即是把牛視為農業、甚至民生之本，若是宰殺不但自己犯罪，還將連坐到將領身上。

日據時代由兒玉源太郎擔任會長、一九〇〇年成立的「臺灣慣習研究會」所做的研究《臺灣慣習記事》中譯本第貳卷下，記載了一份清代時期的官方文件，內容軟硬兼施，一方面道德勸說，一方面依法禁止：

宰牛宜禁也。農為邦本，食乃民天耕稼之功，為牛是賴，流俗無知，睹其疲老，輒付宰屠，並有藉以為業者，朝刳夕剝，列市設攤，而食牛肉者近便取求，亦遂視同常膳，不知牛非他畜比也，其盡力於田畝無論矣，他如任負戴之勞，供碓磨之役，力可車水，乳可哺嬰，有益於人者不少，既費其力以養生，復殺其身以牟利，忍乎不忍乎，況農事既閑，牛價至賤，及至來春耕種，又需重值構求出入俱虧，更為失計，芻牧之取資無盡，曷嘗累及農家，割烹之得價幾何，悉忍置之死地，酉陽雜俎所載，戒食牛肉者，瘟神不入其家，反是以觀，食牛之干神怒可知矣，除檄嚴禁屠宰外，勸諭爾軍民人等，須知牛之為物，上應天星，下與地力，因口腹而戕生命，已干造物之和，以氓庶而享太牢，更折生平之福，試思無故不殺，無戒且著於禮經，如其違禁私屠按律定科以重罰。

除此官方明文規定、人民約定俗成之外，民間甚至還流傳許多因為吃了牛而遭到報應的故事。研究論文〈牛肉成為臺灣漢人副食品的歷史觀察〉就引用了臺北州警部東方孝義著之《臺灣習俗》一書中，日本統治臺灣初期的一個例子：

居住於臺南市的吳得，由於日本軍人剛治理臺灣，原本的屠牛禁令在這時由於政權的轉換而發生了鬆弛的情形，於是吳得藉著販賣牛肉給日本軍人而賺了不少錢。因為絕大多數的人仍然心中對於販賣牛肉仍有忌諱，於是吳得雖然有利可圖，但是心裡對於不宜販賣牛肉的陰影仍然存在。為了揮別這樣的陰影，於是他毫不心疼的大筆花錢，在酒家裡還用紙鈔引火點菸。過著如此荒唐的生活三年之久，於是病倒了。由於在病的迷迷糊糊之中，看見了數百頭牛來找他復仇，每天去岳帝廟向牛爺懺悔，身體才漸漸的痊癒，最後終於放棄屠牛業。

在日歐洲人要吃牛，福澤諭吉說「吃吧」

在明清的文獻中，屠宰牛隻之禁令不勝枚舉，然而，在《重修臺灣省通志》中，也提出了肉牛的概念：「廣義的肉牛係指凡可供食用之牛隻均屬之，包括役黃牛、水牛、乳用小公牛、黃雜牛、淘汰乳母牛、產乳能力差的乳牛。狹義的肉牛係指專供肉用的純種肉牛。而肉牛之中亦有可供役用者稱為肉役牛，如水牛、黃牛、雜種牛等。專供生產乳牛之牛隻則稱為乳牛，主要為荷蘭牛。」

日本自六七五年就由天武天皇下令不得食用牛、馬、犬、猿、雞等肉類，後來在七一八年，又制定禁止宰殺牛、馬的律令。雖然說從六七五年到近代的歷史中，日本並非真的到了明治維新才開始吃牛肉，但是這禁牛的方針，的確要到江戶幕府末期日本開港之後，由於赴日的歐洲人士暴增，其以肉食為主的飲食文化也開始在日本流傳開來。

一八六九年，日本官營的「築地牛馬公司」成立，開始了牛的解體與買賣；到了一八七二年，明治天皇首度食用牛肉。而明治時期啟蒙思想家福澤諭吉是推展日本肉食的一大功臣，他在一八七〇年受築地牛馬公司委託，寫下了一千三百字的《肉食之說》，強調肉食與牛乳的效用，因此當一八九五年日本軍隊進入臺灣時，吃牛的習慣已經在日本生根二十多年了。

日本軍隊於登陸臺灣之時，與臺灣民主國及後來的抗日游擊武力，作戰所費時間之長，出乎前來接收臺灣的日本官員預料。因此，在糧食嚴重不足的困境之下，日本人將臺灣鄉間的耕牛徵為軍用食物，耕牛數量大減導致不少農田荒廢，也就直接影響了臺灣稻米的產量。

在這樣的情況下，民政局長後藤新平特別指示嘉義縣知事磯貝靜藏，在日本全面控管臺灣之前，要對其境內有關牛隻的各種狀況進行調查。透過磯貝靜藏在一八九八年的調查報告，我們可以得知，當時臺灣役牛的數量比起一八九五年之前，不但剩下不到一半，而且由於犢牛生長至成牛的時間和田事無法銜接上，因此造成稻米產大減，米價居高不下。臺灣漢人傳統禁殺牛隻的禁忌，開始對已經西化而對牛肉需求量大增的日本人，形成屠宰牛隻以及未來推展畜牧業的阻礙。

而在日本對當時臺灣牛隻進行清查後，研究論文〈牛肉成為臺灣漢人副食品的歷史觀察〉根據一八九八年年臺南縣公文類纂，內務門殖產部的〈臺南市街於屠牛檢查表〉、〈役牛蓄牛狀況報告〉、〈種牛狀況報告件〉，整理出了以下政策：

在維持牛隻數量方面，

日本自 675 年起，就由天皇下令不得吃牛，直到江戶末期日本開港才突破傳統，就連啟蒙思想家福澤諭吉都說「吃吧」！

各農戶的牛隻必須向當地的地方政府登記，各地方政府的內務門殖產部發予牛隻牛籍，並且規定牛隻必須是因為年老或是年齡達到九歲以上才可以在檢驗完畢之後予以宰殺。如此，不但維持的臺灣農業所需要的牛隻數量，也讓市場上的牛肉供應可以制度化，以減少黑市或是牛隻隨意屠宰而造成對農業 或是人體的傷害。而在發展臺灣畜牧業方面，以牛來說，主要的飼養者仍然是臺灣的農民。但是日本總督府會進口日本、印度的牛隻來到臺灣，讓牛隻之間進行配種以孕育出最適合臺灣農業需要和生長最快的牛種。

一九二九年八月由三浦淺吉編輯的《臺灣畜產》中，詳細記載了當時全臺各地牛隻數量（請見第二七七頁圖表6-1），數據顯示，當時臺灣許多地區不是每家農戶都有牛，或是一戶頂多一頭牛。日本人殖民臺灣之後，對於牛隻採「牛籍」的方式管理，並輔導農家繁殖優良牛隻，從一九一〇年開始引進能夠適應臺灣氣候、對於牛疫疾病的抵抗力又強的印度種黃牛來臺。臺灣的牛隻自此時開始，透過育種改良，有了役用與肉用兩種用途，除了老、廢牛被送進屠宰場宰殺販售外，也有部分牛隻是被送往專門的育肥場，牛隻總數從一八九七年的十九萬二千八百二十五頭，經過十三年時間攀升到四十八萬頭。

保護耕牛，找美國牛來混血

在食用牛肉方面，日本殖民臺灣的第二年，就出現了牛肉店「一心舍」的廣告；兩、三年後，臺北陸續再有宣傳自家牛肉鍋的「筑紫館」，和位在西門町、標榜「正神戶牛肉」的「安仔牛肉店」。

不過，雖然當時臺灣出現了賣牛肉的餐廳和店鋪，主要消費者還是以日本人為主。

在《臺灣慣習記事》〈中國菜餚之名稱價格〉

臺灣光復後，為了維持牛隻數量以利農業發展，多次進口美國安格斯牛的冷凍精液，和本地黃牛進行雜交。

（中譯本）的第五卷上之中，另有著日文對當時臺北市兩間中餐館菜單的調查，其中一間六十六道菜品中，只有三道是牛肉；而另一家的九十六道菜中，連一道牛肉都沒有。餐館尚且如此，一般家庭飲食更是不可能看到牛肉的蹤跡。

臺灣光復後，由於牛隻私宰的情況嚴重，而要維持農業的發展，牛隻的數量必須維持在四十萬頭左右。中華民國政府於一九四二年三月在大陸時期即公布了「保護耕牛辦法」，而臺灣省政府農林廳也於一九五二年十一月五日通過「加強保護耕牛」的實施方案，並於次年元旦公布施行。在接下來的十幾年間，三次進口美國聖達種牛來到畜產試驗所恆春分所，和臺灣黃牛進行雜種繁殖，也進口安格斯（Angus）、布拉瑪（Brahman）、夏洛利（Charolais）、海福牛（Hereford）、短角牛（Shorthorn）等品種之冷凍精液，和本地黃牛進行雜交。

以數量來說，臺灣剛光復時的一九四六年，水牛、黃牛與雜種牛總計為二十七萬八千七百一十六頭，到一九五一年才突破四十萬頭，來到四十萬四千五百三十頭。

六十年代開始的農村機械化，使黃牛的役用價值逐漸的降低；另外，據統計自一九六四、一九六五年間，恆春分所由美國引進聖達肉牛並推廣民間，臺灣黃牛大量

圖表 6-1 1929 年 8 月《臺灣畜產》記載全臺農戶及牛隻數量

地區	農戶數	水牛數	黃牛數
臺北廳	21,532 戶	8,474 頭	691 頭
基隆	9,925 戶	4,699 頭	4 頭
宜蘭	10,119 戶	7,958 頭	30 頭
深坑	5,450 戶	1,952 頭	3 頭
桃仔園	15,424 戶	11,364 頭	1,513 頭
新竹	17,667 戶	11,907 頭	7,021 頭
苗栗	14,720 戶	6,853 頭	4,891 頭
臺中	25,625 戶	10,320 頭	5,138 頭
彰化	34,140 戶	13,106 頭	3,491 頭
南投	10,387 戶	7,746 頭	1,985 頭
斗六	35,071 戶	10,115 頭	7,588 頭
嘉義	28,668 戶	11,959 頭	6,141 頭
鹽水港	37,986 戶	12,461 頭	9,609 頭
臺南	22,299 戶	10,477 頭	7,287 頭
蕃薯寮	7,868 戶	4,975 頭	3,848 頭
鳳山	23,965 戶	10,481 頭	2,760 頭
阿猴	24,292 戶	21,911 頭	4,147 頭
恆春	2,023 戶	5,183 頭	611 頭
臺東	10,769 戶	6,805 頭	7,327 頭
澎湖	7,812 戶	0 頭	2,934 頭
總計	365,742 戶	178,746 頭	77,069 頭

與聖達牛雜交改良後，改進了黃牛體型及增重的缺點，大受農民歡迎，但相對的造成黃牛族群的迅速減少。

臺灣在一九七〇年代前，肉品市場中的牛肉幾乎全為本土產牛肉，但在一九七五年牛肉正式開放進口之後，單單該年一年所進口的牛肉，就比歷年的進口牛肉總數還多，更為省產牛肉同年產量的三倍，牛肉價格因此大幅滑落。省產牛肉在無法與進口牛肉競爭之餘，農民大量屠殺種牛，本省畜牛基礎嚴重受創，造成臺灣肉牛事業沒落，種種原因致使臺灣黃牛頭數日漸稀少。

截至一九九三年十二月底，臺灣現有牛隻數量分別為：乳牛十一萬七千零四十三頭、肉雜牛一萬九千兩百零七頭、水牛一萬六千四百八十九頭、黃牛一萬二千八百六十二頭（黃雜牛常被誤認為黃牛，因此真正的黃牛頭數可能更低於此數）；一九九一年臺灣平均一戶農戶養牛的數量，只剩下了一・一一頭。

4　臺灣牛肉麵紅到有論文

在各種討論臺灣牛肉麵起源的文獻中，〈牛肉成為臺灣漢人副食品的歷史觀察〉與〈臺灣牛肉麵文化研究〉這兩篇研究論文，對臺灣牛肉麵誕生與發展，整理出了非常清晰的歷史脈絡。我曾在拙著《百年飯桌》中指出，牛肉麵絕非臺灣所獨有，並介紹了其他各省，代表著各自不同風味與作法的牛肉麵。

而也因為這些味道是在一九四五年到一九四九年間陸續來到了這個小島，使得臺灣的牛肉麵不管是湯頭、麵體、配料，甚至是牛肉的切法，都成為所有牛肉麵的省份中最為多元的，有北方口味、回族清真、四川辣豆瓣，也有廣式湯頭。正如〈牛肉成為臺灣漢人副食品的歷史觀察〉所說的，隨政府來臺的軍人之中，不少中國大陸的北方如河北、山西、山東等省籍的人士，來到臺灣之後不一定仍待在軍中，必須民間自立更生討生活，唯一的謀生技能就是從小時耳濡目染的麵食製作方法，可能便與幾個軍中同袍集資開個小攤子，專賣牛肉麵與水餃，於是形成臺灣牛肉麵的風行。

竹片木板搭成麵攤，牛肉湯麵是「學生麵」

這樣的牛肉麵店大都開在人來人往的交通要衝之上。舉〈牛肉成為臺灣漢人副食品的歷史觀察〉其中一個受訪者回憶自己父親當初開業情況的訪談為例：

> 每每到了學生上學、工人上班之時，還有電影院散場之時，整條中華路上便是滿滿的人群，大家來去匆匆的。當時這條路上很多做小生意的，沿路邊一攤一攤的，我們並沒有什麼好的建築讓我們一展身手，就是幾片竹片、木棍、木板自己搭一搭、釘一釘；有些人就是靠著樓與樓之間的小通道，擺上自己的鍋碗瓢盆和椅子就開始做生意了。我們叫這樣的攤子「寮棚」。一到時候，蒸汽四起，香味四溢，只要你當初是

路過此地的人，都一定會駐下腳步來上一碗牛肉麵再上路。而學生的經濟狀況並不太好，不像是工人、軍人、上班的人一般有穩定的收入，所以只能吃牛肉湯麵，感覺一下那紅燒牛肉的濃厚味兒又能吃得飽飽的，故牛肉湯麵當時又稱學生麵。

臺北最初牛肉麵最興盛的地區有後火車站、西門町、中華路與臺電（現今和平東路與羅斯福路一帶，臺電勵進餐廳周遭）一帶，雖說這些地區都有許多牛肉麵攤和牛肉麵店，卻存在著一條看不見的界線，一種因口味而劃分出來區隔：

例如在臺北車站附近的開封街、漢口街、懷寧街一帶開店的老闆們，因為多半是山東籍的人士，所以都是以清燉口味的為主。至於目前大家所熟悉的川味牛肉麵，要尋其足跡必須遠一點到桃源街、永康街、中華路一帶才有。中華路兩旁由於聚集了太多的攤販，而且是以吃的性質為主，政府於是決定在整治中華路，並且建立中華商場以安置路旁的各家攤販，從一九六〇年八月開始動工，一九六一年四月落成，於是道路兩旁的攤販便一一遷入中華商場之中。自此之後三十年的時間，中華商場之中的南北小吃，可以說是集中國大陸各省之精華所在，牛肉麵更算是其中的代表。

從以上各項資料可以推斷，臺灣牛肉麵的起源乃至於後來的蓬勃發展，是當時國軍部隊中各省燉牛肉方式、美援牛肉罐頭加在麵食的食用習慣、美援麵粉與政府的麵食推廣，再加上後來政府開放牛肉進口，多方交融形成的。

此外，論文的兩篇附錄分別對劉山東牛肉麵創始人劉佩芹先生，以及臺記東東傳統麵食老闆穆軍光先生的訪談尤為珍貴，讓我們可以從中梳理出，非川味的山東牛肉麵，與清真牛肉麵在臺北發展的起源。

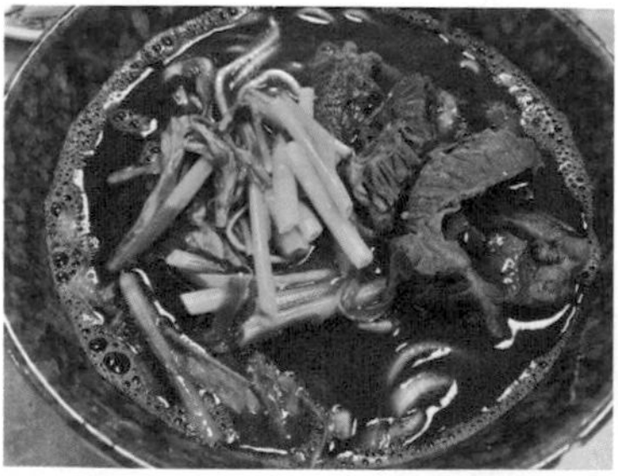

臺灣牛肉麵有清燉、紅燒兩大族群，但早期清燉要去開封街、漢口街吃，桃源街附近才有川味紅燒。

清燉與紅燒，起初各賣各的

祖籍山東臨沂的流亡學生劉佩芹，在一九四九年來到了臺灣後，在澎湖被兵源欠缺的政府整編成三十九師，一九五二年時又重編為四十五軍。劉佩芹退伍後輾轉於一九五四年來到臺北，據他的回憶，當時臺北車站附近已經有許多山東同鄉在賣牛肉麵，他心裡也明白，如果當時要開牛肉麵攤，已經晚他們一步了。不過由於沒有一技之長，也沒有錢，於是就先幫一個同鄉，在當時已經以牛肉麵出名的開封街和漢口街擺攤子，用中南部淘汰的臺灣本地耕牛賣牛肉麵。劉佩芹還強調，當時那附近並沒有川味牛肉麵，

臺灣牛肉麵口味最多元，有北方清燉、四川辣豆瓣、廣式湯頭，甚至回族清真都有好幾家店。

都是清燉，要到桃源街附近才有川味紅燒的，不過當年他們各做各的，沒有什麼往來。此外他還特別強調了，現在延平南路上回教徒開的清真牛肉麵館：「我知道的是當初有一位姓『沙』的先生，他就是回教徒而開了清真牛肉麵館，現在聽說他在忠孝東路上開了一家店，後來店名有『清真』的，大多是追尋著他的腳步這樣走來的。」

穆軍光先生則回憶，一九四九年之後，許多大陸的老百姓為了躲避共產黨，臨時加入國軍的撤退部隊。來臺後他們很快就離開了軍隊，而這些人又以山東人為最多：

其中有一位山東大漢——金盛斗，是一回教徒，他在臺北市開封街一段的巷道內牆邊，搭起了一條像走廊似的長型木板棚，簡單的兩張長桌木凳，另一頭就是廚爐，香氣誘人的牛肉麵就是從這裡煮出來的。另外，懷寧街皇家大飯店走廊下有兩張小木桌、幾個小木凳，路旁一個煤球爐、一口中型鐵鍋，煮水餃、牛肉麵全憑此鍋。攤主也姓金，山東省人氏，與金盛斗係稱本家，名為金立平，也是回教徒。這兩個人可以說是臺灣牛肉麵的起源。時間大約是在一九五一年左右。

後來搬到忠孝東路四段巷子裡，已經歇業的艾家清真牛肉麵，是穆軍光先生提到的、後來比較有規模的清真牛肉麵：

比較具有規模的是在臺北博愛路，現在的泰華大飯店（按：現已歇業）對面所開設的店面——清真餃子館。店主名為艾明達，河南省人，也是回教徒。他所煮的麵完全是用手擀出來的，大塊的牛肉燉在鍋子裡，現切現配料，清燉牛肉麵風道純正，麵條現煮口感潤滑有勁。

臺北市鄭州路三十八巷的「塔城街牛肉麵」的歷史，則是從一九七〇年代後期開始由中華路移轉過來，穆軍光先生回憶：

一九七〇年代後期，鄭州路原本鐵路醫院東邊的三十八巷內，巷口出現了一攤牛肉麵，老闆是本省人，他原先在中華路的牛肉麵攤幫忙打雜，跟著師傅學到了一招半式做牛肉麵的技藝，自己於是獨立門戶在此開業。經營的規模、方式仍照舊中華路麵攤的經營方式，廉價而大碗。適逢進口澳洲牛肉價低，便以肉多、麵多、湯辣、多大碗供應，居然生意興隆。此地的消費階層多以計程車司機，或是附近的上班職工較多。早先攤主採用機器所製的麵條供應，後來巷內的攤位增多至二十多位，其中就有山東人所經營的攤子，以傳統手藝手工擀麵，而且現擀現煮。

臺灣的味道去哪吃

牛肉麵——紅燒、清燉都「大塊」

位於臺北市杭州南路上的「大塊牛肉麵」，湯底其鮮無比，麵條彈滑筋道，有肉、筋、肚、雜等多種選擇，與一些只偏重牛肉、不講究麵條的牛肉麵店相比，能夠肉、麵、湯三者兼顧，沒有忘記所謂牛肉麵，即是牛肉與麵的結合，是我最近的心頭好。雖有提供酸菜，但和湯頭更對味的是清香的蒜苗；另外，需要前一天預定、口感脆彈的牛胸口肉過橋，更是一絕。

5 清燙牛肉湯的起源

臺南縣肉品市場股份有限公司於一九八六年七月成立，二〇一一年六月十四日變更公司名稱為「臺南市善化肉品市場股份有限公司」，二〇一二年七月十六日與臺南市安南肉品市場股份有限公司合併後，再變更公司名稱為「臺南市肉品市場股份有限公司」，旗下有中南部第一家獲得動植物防疫檢疫局認證的肉牛屠宰場，且屠宰後的分切作業，全程在攝氏二十度以下的善化場，以及辦理毛豬交易業務的安南場進行。

臺南善化與牛的淵源，可以追溯到兩百年前，當時臺灣還是傳統的農業社會，家家戶戶都需要牛來耕田，於是許多城鎮便設立「牛墟」，作為專門交易牛隻的市場。臺灣現存的善化、鹽水、北港三大牛墟，有兩處即位於臺南。

隨著臺灣的農業機械化後，對牛隻的需求下降，再加上過去口蹄疫肆虐，於是政府禁止牛墟買賣牛隻，造成許多牛墟的關閉，而善化牛墟則是轉型，成為每逢日期尾數二、五、八時營業的農民市集。

本地牛肉只有六%，淘汰母牛的肉質最佳

在臺灣人的飲食習慣改變，開始食用牛肉之後，善化牛墟就變成在地人的美食聖地，其中最受歡迎的，就是從屠宰場新鮮直送、牛肉鮮嫩好吃的清燙牛肉湯。牛肉湯之所以成為臺南人熟悉的早餐，是因為早期屠宰時間多在半夜，後來政府規定不能在半夜宰殺牛隻，善化屠宰場就根據不同需求，增加了屠宰的時間和次數，如此一來，就演變成如今全天都能吃到牛肉湯了。

臺灣本土牛肉只占全臺牛肉市場的六%，被送到善化屠宰場的牛隻來源有四種，九五%是乳牛，又可區分為乳公牛、閹公牛、淘汰母牛，和暱稱「一一九」的牛。

臺灣肉牛最初是酪農副產業下的乳公牛與閹公牛，小乳公牛由於不能產奶，為了

確保基因優良及保護母牛，所以也不能去當種牛，因此公牛大都在出生兩週後就會賣給肉牛牧場，或是在約八個月大時去勢，後續養到二十二個月大才宰殺。淘汰母牛是當乳量不符飼料成本，或年紀大到無法再懷孕時，就會賣給肉商，這種牛的肉質細、油花足。

而所謂的一一九牛，是因為受傷或疾病，緊急由牧場賣給肉商，並馬上進屠宰場宰殺的「緊急宰牛」，所以業界稱為一一九牛。這些牛由於常常來不及在生前放血，死後血液很快會在體內凝結，而使肉質僵直難分切，因此通常價格不高。

由於牛只在善化宰殺，而且每天約只殺四十頭，規模無法負擔一個拍賣市場與屠宰團隊，因此牛的屠宰都是由肉商自己帶人放血與分解帶回。宰殺後的牛，送中北部或車程超過半小時的地區，會以攝氏零度到五度的冷藏車運送；送臺南市區的牛肉湯店，或車程半小時內的地方，則多由計程車宅配，一趟通常送三至四家，由司機向每個店家收一百元運費，再由肉商給予司機些許補貼。有些牛肉湯業者會自己去載回牛肉，不過就算他們已到了屠宰場，也只能載肉，不能選肉。

只用頂級牛肉？騙人的

一般說來，乳牛常要超過五百五十公斤才達到宰殺標準，實際上屠宰的牛隻，通常重達六、七百公斤。根據獨立記者陳志東的調查，以臺南牛肉湯店家常見的牛肉部位介紹海報當計算標準，一頭乳牛約七百公斤，宰殺後扣除牛骨、內臟與其他部位，最後能用於清燙的大約僅有一五％，約共一百零五公斤，其中最頂級的肉僅僅二・五公斤。以善化目前每天屠宰四十頭牛計算，頂級牛肉每天只有一百公斤，要分給臺南數百家牛肉湯店，及全臺搶這市場的眾多業者，因此肉商通常不開放選肉，而是上、中、下各等級部位搭配成套、統一價格。所以，若有牛肉湯店家強調自己只用最頂級的牛肉，除非有特殊背景，不然就是吹牛。

為了推廣在當地觀光，原臺南縣政府農業處畜牧課在二〇〇四年於新化的虎頭埤風景區，舉辦為期五天的「清燙牛肉啤酒節」，帶動臺南牛肉湯與牛肉鍋產業的逐漸崛起，成為觀光客來臺南必品嘗的料理之一。二〇一一年縣市合併後，清燙牛肉啤酒節改名為「清燙牛肉節」，活動地點逐漸從善化南移至南科、永康等地，二〇一二年更換活動場地至南科管理局 Park17 商場，持續帶動牛肉相關產業。二十多年前，臺南約莫只有十間販賣清燙牛肉湯的店家，到二〇一五年時，光是在大臺南地區就有超過兩百家清燙牛肉湯店。

喝牛肉湯有時效，把握「黃金十分鐘」

臺南清燙牛肉湯與久煮慢燉的牛肉麵，或是講究熟成的美式牛排最大不同，在於講究牛肉本身的「鮮」。與同樣講究牛肉鮮度、追求要在宰殺後二至三小時內上桌的潮汕牛肉鍋一樣，清燙牛肉湯也有黃金六小時的食用時間，使用當天現宰的牛肉是最基本的要素。

之所以嚴格要求宰後到上桌的時間，是因為一旦超過這個時間，牛肉就會進入僵直期，肉逐漸消失延展性，轉為無光澤，並且呈現僵硬狀態，這樣的牛肉不但硬度大，而且不易煮熟，也毫無風味可言。這是由於被屠宰的畜產停止呼吸後，供給肌肉的氧氣中斷，開啟了糖的無氧酵解過程（糖解）。肌糖原在糖酵解酶的作用下，分解為乳酸，生成的三磷酸腺苷變少。

與經過冷凍和熟成的牛肉相比，溫體牛雖然油脂、鮮味密度與軟嫩程度較弱，但口感彈牙、越嚼越甜，因此除了當天進的牛肉一定要當天銷完之外，切片後也要盡快食用，而店家為了確保牛肉的鮮度，更是要分批、分次進貨，縮短牛隻被宰殺到上桌的時間。

清燙牛肉湯的製作，是直接將滾燙的高湯淋在置於碗底約一公分厚、二至三公分長的溫體牛肉上。傳統的高湯為牛骨湯，現在也有加了洋蔥、香菜、芹菜，或是中藥的版本。此外，品嚐一碗清燙牛肉湯，最好要把握「黃金十分鐘」，這是因為牛肉泡在湯裡越久，就會越失去其鮮嫩，因此湯頭本身的溫度左右了食肉之快慢。

清燙首選翼板肉，秋冬喝最好

可以用來作為清燙牛肉食材的溫體牛，稱為上肉和中肉。上肉指的是背部的肋眼、紐約客、菲力與丁骨，以及腹部的五花等部分；中肉則是油花中等、肉質軟中帶脆、前腿與牛胸部位的板腱跟翼板。肋眼就是牛里脊，臺灣稱為肉速；紐約客為里脊頭，也稱肉速頭；菲力即腰內肉。

胸腹部由前到後的盡磅、腩肚、小扇（又稱琵琶），為清燙牛肉湯並列排名第二的部位，其中的盡磅是臺語盡頭的意思，也就是腹部五花肉的盡頭。位於腹脅部的法蘭克牛排（Flank），由於分切後的樣子像攤開的扇子和打開的蛤蜊，因此被稱為大扇或蛤仔，這個部位是清燙牛肉湯中第一名的王者，是店家會特別留下來給熟客的部位。經常運動因此筋肉發達、肉質結實、肥瘦適中而帶著甜甜果香的肩胛部（chuck）的翼板（flat Iron），也稱為厚盤子，與大扇並列清燙牛肉湯第一名部位，再加上清燙後會顯現如同燒焦般外觀，而被稱為「臭火乾」的板腱肉（blade），並稱臺南清燙牛肉湯三絕。

其他部位還有，因為分切後的樣子形似螺絲而被稱為「螺絲花」、多肌肉、少油花、適合燉滷的頸花；位於下肩胛部、富咬勁、適合作為熱炒和牛肉乾、由於形似黃瓜而稱為「黃瓜條」的部位；可細分為大三角、小三角、辣椒肉、適合燉滷的前胸腿部；臀肉；臺語稱為「腿幫」，又可細分為小三叉和鯉魚管的三叉；後腿內側接近臀部的第二層、軟嫩香甜、清燙牛肉排名第三的「獅頭」；位於後大腿內側，由於渾圓光滑而被稱為「和尚頭」，又分為適合燒烤和清燙的內部，與纖維較粗適合炒的外部；緊臨和尚頭、肉質軟嫩帶脆又有油花的「飛鏢」；以及適合燉滷與作為牛肉麵原料的牛腱等。

一碗好的清燙牛肉湯，湯色必是清澈不混濁，肉色粉嫩並帶著少許油花，而秋冬季節的牛肉肉質好，是最適合品嚐的時候。

清燙牛肉是原住民發明的？

有著紅麴牛肉羹、現炒牛肉羹等獨門菜色，最早位於曾是南臺灣最大菜市場的

喝牛肉湯要掌握黃金10分鐘，所以高湯的溫度很重要。

「大菜市」（西市場），二十多年前搬遷至安平路現址，已傳逾三代的八十年老店「助仔牛肉湯」，是老一輩臺南人的共同記憶。現在雖然招牌上寫著「原大菜市八十年老店」，但從以前就在西市場那個沒店名、沒招牌的攤子吃到現在的老主顧們，還是會說：「來去助仔呷牛肉湯！」

根據作家魚夫的考證，大約在一九四三年時，當時十五、六歲、人稱「助仔」的年輕人謝仙助，原先是在現今五妃街一帶學習宰牛，後來到沙卡里巴（日文漢字應作「盛

目前得知臺南第一家牛肉湯「四春園」，原本是清代鹽商的宅邸吳園，園內布置亭臺樓閣、池塘假山，俗稱「樓仔內」。

場」，指人潮聚集的地方），向綽號「貓鼠」的師傅學作牛肉菜品，之後自立門戶在大菜市賣起了牛肉湯。由於助仔是拜福州師傅學藝，因此最早的招牌菜是紅糟牛肉，後來則改為紅麴牛肉羹。

而透過張家鈞的多方訪談，距離老饕、石精臼、南區阿美、大菜市明誠牛肉舖等四家老店（根據石精臼、南區阿美的口述資料，地點位於民族路大遠百附近）不遠的「四春園」，是目前得知臺南最早的第一家牛肉湯。

四春園原本叫吳園，是清道光

臺灣的味道怎麼吃

清燙牛肉湯

臺南牛肉湯其實就是將牛骨、蔬菜或藥膳等，燉煮成滾燙的高湯，將碗中切片的溫體牛肉沖熟的一道料理，評判其美味與否的關鍵，除了湯底之外，就是牛肉的新鮮度與鮮嫩度。清燙牛肉湯的美味是不等人的，剛上桌時可以先嘗湯的原味，牛肉隨即轉為淡粉色，此時湯與肉汁融和的鮮美達到最高點，也是牛肉最鮮嫩的時刻，要抓緊時間吃，再燙下去肉就老了。

年間鹽商吳尚新的宅邸，庭園以仿漳州飛來峰的形勢，布置假山、亭臺樓閣、奇花異草、池塘，與當時板橋「林家花園」、新竹「北郭園」、霧峰「萊園」合稱「臺灣四大名園」，俗稱「樓仔內」。日據時代初期，吳園面向現在臺南公園路的一角建築，曾租借予四春園旅館，日後逐漸改建成和式高級旅館，能經由此觀覽庭園景勝，因此當時的人稱之為四春園。

不過，關於清燙牛肉湯的起源，最驚人還是來自於〈傳承府城風味——清燙牛肉的文化再現〉這份研究論文中的訪談資料。根據其數個訪談內容，主要可歸納出來自東部的原住民率先開始食用，以及起源於臺南較早開港通商這兩個說法，其中來自原住民的論點是，臺灣早期雖然有不食牛的禁忌與習慣，但是仍然有私底下宰殺食用的情形：

> 東部物資又較為缺乏，故最早由東部原住民開始食用……清燙牛肉的由來就是從原住民來的，那時候是一些殺牛的，不過他們已經過世了，他們去看到原住民他們在吃牛肉就用這樣子沖，他們回來再去稍微改良，看怎樣處理，這才開始。

6 油蔥酥、臺味魂，你愛哪一味？

說到臺菜的味型，由麻油、米酒、醬油組成的「三杯味」可說是臺味的代表，其他還有本味、紅燒味、麻油薑味、蒜香味和油蔥味等。國立高雄餐旅大學中餐廚藝系教授兼廚藝學院前院長楊昭景，則整理出了臺菜十七大味型，分別為：

1. 鹹鮮且具有煙燻香氣的燻香味，代表菜為鯊魚煙、鴨賞、甘蔗鴨等。
2. 以古早醋提味，有酸鹹鮮的勾芡，代表菜為五柳枝的五柳味。
3. 有五香粉香氣的五香味，雞捲、排骨酥、鹹酥雞都是代表菜。
4. 甜酸味濃、後味鹹的糖醋味，代表菜品有生炒花枝和糖醋排骨。
5. 甜中帶酸，色紅有茄汁，代表菜色有茄汁魚與番茄炒蛋的茄汁味。

6. 鹹香味醇，混合了麻油、醬油、米酒與九層塔香的三杯味，代表菜有三杯雞、三杯杏鮑菇。
7. 鮮香海味濃，集山海之大成，代表菜有魷魚羹、沙茶羊肉的沙茶味。
8. 臺灣菜指標性風味元素的蔥香濃，代表菜有客家粄條、油蔥肉臊的油蔥味。
9. 蒜香味濃，鹹鮮微辣，蒜頭雞湯、蒜酥炸蟹等菜品的蒜香味。
10. 酸菜炒肚尖、酸筍炒肉絲等以蔬菜乳酸發酵味為主的酸鮮味。
11. 以乾燥或醃漬的海味食材、調料、烹調而成的鮮鹹味，代表菜色有丁香醬、小卷醬。
12. 以紅糟為底，酒、香、鹹、鮮，代表菜有紅糟鰻、紅糟雞的紅糟味。
13. 醬油與糖為原料，鹹鮮甘，味醇汁濃，以紅燒肉、紅燒魚為代表的紅燒味。
14. 麻油雞、麻油炒飯為代表菜品的麻油薑味。
15. 鳳梨苦瓜雞、金桔排骨等以水果入菜的果香味。
16. 強調食材本味，以鹽提味，如炒青菜、乾煎魚等的本味。
17. 蔭豉鮮蚵、豆醬炒筍等使用醃醬或醬油的醬香製作的醬香味。

臺菜少不了：九層塔、油蔥、沙茶

此外，一九七七年開業的欣葉臺菜，也梳理出了十二大味型：

- **融合味型**

一是有數十種材料，每種食材都需依其特性，或油炸、或過油、或汆燙、或滷製、或清蒸，以高湯統整鮮味的融合味型，經典代表便是佛跳牆。

- **醬香味型**

二是醬油與脂肪相互交融，且使用明鄭時期傳入臺灣的黑豆醬油，代表菜色為滷肉的醬香味。

- **三杯味型**

三杯味型是醬油、米酒、麻油、糖這幾個調料元素的組合，透過文火慢燜收汁，散發出醬香、酒香與麻油香，代表菜品為三杯雞。而除了三杯雞外，還有三杯中卷、三杯杏鮑菇、三杯田雞、三杯四季豆等，只要不是太會出水的食材，基本上都可以用三杯的方式烹調。

不過，要成就三杯雞的味道，還需要薑片、蒜頭、九層塔等辛香料三劍客與醬香、酒香之融合，把醬料燜入食材之外，薑味、蒜味與九層塔味也十足的重要！作法是先將薑片、蒜頭以黑麻油爆香，按喜好加入辣椒，經過炒、燜，將醬料燜入食材後，起鍋前再以米酒熗鍋，並放入九層塔快速拌炒。

九層塔不只是三杯雞必備，也是為像鹽酥雞等臺灣小吃畫龍點睛的一款食材。在《噶瑪蘭廳志》中稱為葵板草的九層塔，是羅勒（*Ocimum basilicum*）的一種，羅勒屬的植物大都有為保護植株、防止昆蟲叮咬、非生物必需養分的二次代謝物的特殊氣味，這些氣味是揮發性氣體，甜羅勒的精油富含芳樟醇（linalool），九層塔則含較多甲基蔞葉酚（Estragole）草蒿腦。

九層塔之名來自其開花時，層層疊疊的樣子就像高塔一樣，不過「九」只是代表多數的意思，而不是真的有九層，一九七〇年代後由於不少農家都會在後院種植，而漸漸成為了三杯菜品獨有且重要的香氣元素。常見的九層塔可依莖部顏色分為紅和青，俗稱「紅骨」及「青骨」，也有農民喊「青骨」為「白骨」，除了莖部顏色不同，花色也有差異，目前市面上可以看到青骨白花、青骨紅花及紅骨紅花三種。其中紅骨的味道較濃郁，多用於三杯雞，青骨的風味較為清香，則多出現在鹽酥雞或海鮮中。

三杯雞要做到入味、肉質又軟嫩，要點是文火慢燜，也就是雞肉其實是「泡熟」的。由於前幾個料理步驟與煮麻油雞的過程類似，因此三杯雞也被稱為「乾式麻油雞」。臺灣第一次出現「三杯雞」字眼，是在一九五六年的《中菜集錦》一書，當時三杯雞被歸類為「燜」的菜餚，調料有醬油、料酒與砂糖（沒有麻油），將整隻雞以文水燜，在雞腹裡放入大茴香，和現在我們所熟悉的三杯雞也大不相同。

九層塔是臺灣小吃畫龍點睛的一款食材，三杯雞、鹽酥雞、肉羹……少了它，就等於少了一味。

三杯雞開始有麻油、九層塔雛形，是源自南部鄉下節儉習性，當農家發現雞肉品質欠佳時，會以醬油、薑片、麻油這些閩南社會重要的補身調味料，再加上九層塔這個臺灣農家的重要香料，重口味烹調雞肉去腥，避免浪費。此外，三杯雞的起源另外還有一說是從麻油雞改良而來。由於婦女產後慣常以雞酒補身，有些產婦不愛酒味，加上有哺乳需求不能攝入酒精，於是便將麻油雞改為乾式，轉變為我們現在所知的三杯雞。

江西省贛州市也有一道叫做三杯雞的傳統名菜，不過原料是甜酒釀、豬油、醬油，沒有加九層塔。傳說這道菜是抗元英雄文天祥被俘後，一位以為他已被處刑的老婆婆，提着一隻雞和一壺米酒，來到牢獄門外想祭奠他。結果發現刑期是隔天，老婆婆便拜託獄卒，讓她把雞和米酒做成菜餚，送文天祥最後一程。之後那位獄卒每逢文天祥祭日，必會用三杯米酒煨上一隻雞來祭奠。

• 五香味型

四為以五香粉為調味料的五香味型，不過五香粉只是一個統稱，指的並非剛剛好五種香料，而是泛指多種香料的複方組合。臺式五香粉以肉桂、八角為主要香料；小茴香、孜然、白胡椒、山奈、肉豆蔻等次要香料用來輔助主味，增加層次感；甘草、陳皮、丁香等製造尾韻。五香粉常用於肉類的醃料，尤其傳統的臺式鹹酥雞，一定會加上提味的五香粉和雞肉一起充分抓醃，讓雞肉除了有醬油、蒜頭等風味外，還多了一層隱味。

・甘味型

第五種的甘味是存在於臺菜中最不張揚的味道，很少單獨存在，總是伴隨著其他滋味，例如酸菜的「酸甘」、老菜脯與豆豉的「鹹甘」、蔭鳳梨的「甜甘」，都是一開始無法立即感知，後來才慢慢隱隱浮現，讓菜色的滋味更悠長、更有韻味。甘味不但撐起菜色尾韻、平衡整體風味，也讓味道更為多元豐富，因此可以將甘味視為「鮮味之後的甜感，是一種餘後味。」烹調時，若調味或食材本體是醬油、破布子、蔭鳳梨、豆豉、豆瓣醬、醬筍、酒釀、菜脯、酸菜等發酵物，就會連帶的讓菜餚帶出鮮味與甘味。像是甘鮮苦鹹的鳳梨苦瓜雞；甘鮮鹹的菜脯蛋、破布子蒸魚；甘鮮鹹甜的蔭豉蚵仔、豆醬蝦仁、紅糟肉；甘鮮酸鹹的酸菜肚絲等。

• 鮮乾味型

使用乾貨所帶來的味道，就是第六種的鮮乾味。乾貨就是從經過晒乾或烘乾後便於運輸保存，來自全臺與世界各地的農漁產品，因其滋味濃縮，而產生出獨特的風味。烹調上常見的乾貨可略分為如干貝、蝦米、扁魚、魚乾、魷魚、海參等海鮮乾貨；香菇、金針、乾木耳、乾豇豆等蔬菜乾貨；蹄筋、金華火腿等肉類乾貨。

臺菜乾貨三寶是香菇、干貝與金鉤蝦，而臺灣常見乾貨第一名非香菇莫屬。香菇堪稱餐廳或家庭廚房裡的必備食材，也是許多人對南北乾貨味的第一印象，乾香菇要以冷水泡發，雖然熱水可以縮短泡發時間，但香氣會溶入水裡，泡發的水也記得不要倒掉，把雜質去除後，無論煮湯或炒菜都能增添鮮味。

新鮮香菇可分為自然野生、木屑栽培、太空包栽培三種。自然野生與木屑栽培，因多以人工拔除，蒂頭會呈現不規則狀；太空包栽培的香菇則會有完整切割面，因此從蒂頭便可知悉香菇來源。目前臺灣市售香菇多半是太空包栽培，產量大、價格便宜，取得容易，除了牛、羊外，香菇幾乎可以和所有食材搭配，煮湯、快炒、燜蒸都適宜。

干貝又稱瑤柱，鮮干貝吃其甜度與軟嫩，乾干貝則以鮮味與香氣取勝。干貝往往不需要擔綱主角，只要加一點，就足以讓一同烹煮的食材全面升級，像是蒸蛋、蘿蔔糕、XO醬、煨煮絲瓜等。金鉤蝦是由鮮蝦加鹽煮熟晒乾而成，又稱開陽，只要用水洗淨灰塵，稍微泡水幾分鐘後便可使用。快炒時，使用方式跟蔥、薑、蒜類似，都是以熱油爆香釋出香氣，另外也可放入湯鍋裡，慢慢燉煮出味。

臺菜中的佛跳牆，將數十種食材或油炸、或氽燙、或滷製、或清蒸，再以高湯統整鮮味，是融合味型的經典代表。

・果香味型

以水果入菜，或是在烹調時加入水果風味，就是臺菜第七味型果香味。除了不同水果散發不同果香味，另外還有經過發酵、醃製、曬乾而風味不同的水果調味品，形成的菜色有使用新鮮水果的鳳梨蝦球；使用醃製或發酵後的蔭鳳梨燉成的鳳梨苦瓜雞；柑橘類的水果如金桔，很常做成桔醬沾雞肉或炒大腸；曬成果乾的桂圓（龍眼乾）不僅常使用於甜湯，也是甜糯米飯的最佳配料，近幾年更有以荔枝乾取代龍眼乾或混合使用的趨勢。此外水果還可當成容器，將鳳梨、柳丁、哈密瓜等圓形的水果挖空後作為容器，像是柳丁肉盅就讓肉餡帶著水果的自然酸香。

果香味臺菜的經典代表鳳梨蝦球，這道菜的歷史並不久遠，一九八〇年代之後才在臺灣出現。儘管臺灣盛產鳳梨，不過要到日據時代，在日本政府與商人的刻意經營下，鳳梨田才開始一片片的出現在南臺灣。當時日本人鼓勵種植鳳梨的目的，並非直接在市場上販賣，而是要做成鳳梨罐頭，讓日本本土人民也能吃到產自熱帶的水果。到了臺灣光復後的一九七一年，臺灣鳳梨罐頭的外銷量已成為世界第一；一九八〇年代外銷轉內需，鳳梨罐頭走入臺灣人的日常，也進入餐廳廚房裡，對餐飲業者來說，罐裝鳳梨不但成本低，罐頭的貯存與準備也容易，又能在常溫環境下長期儲存，是隨開隨用、非常方便的在地食材。

同時間，由於中研院廖一久院士於一九六八年開啟了臺灣草蝦人工繁殖的新時代，蝦苗不再需要仰賴漁民捕撈，而能人工繁殖商品化，草蝦養殖產業越趨興盛，產量在一九七〇年代以後節節攀升，到一九八七年時更高達八萬多公噸，幾乎占據世界總產量的一半。再加上一九七〇與一九八〇年代正逢臺菜餐廳遍地開花的時期，一間餐廳除了總鋪師的拿手好菜之外，設計一些受歡迎、不太費工、成本相對低廉的菜色，也是這些剛起步的餐廳必備。根據名廚李梅仙的說法，已於二〇一四年歇業的湘菜館「湘廚」，將其原創菜品「橙汁墨魚」改為橙汁蝦球，後又因鳳梨盛產再改為鳳梨蝦球，將鳳梨與蝦的結合獲得好評後，這道菜便紛紛出現在不少臺菜餐廳裡。就這樣，一道拌著鳳梨與美乃滋的油炸蝦仁，逐漸成為臺灣的經典菜。

- **油蔥味型**

以珠蔥成熟後的地下鱗莖紅蔥頭加工保存的油蔥酥，從切仔麵、燙青菜、肉臊飯、炒米粉，到粽子、油飯等，都少不了這一味，這就是臺菜第八味型的油蔥味。絕對會被抗議不道地。紅蔥頭又稱為分蔥、乾蔥、火蔥，英文為Shallot，形狀與味道介於蒜頭與洋蔥間，原產於西亞敘利亞一帶，臺灣由早期先民從中國大陸引入，每年農曆年後是紅蔥頭盛產的時節，直到清明左右結束。將紅蔥頭切丁，放入滾燙的豬油炸至金黃色後撈起，鋪平在紙上風乾即成油蔥酥，一年四季都可使用。傳統老字號的「青青餐廳」阿發師（施建發）曾說過，他的香氣三寶就是麻油薑、雞油蒜頭與黑豬油紅蔥頭。

・鹹鮮味型

第九味型是雞蛋、番茄、紅蘿蔔、鮮奶、蘆筍、洋蔥、帕瑪森乳酪、金華火腿、鯖魚、味噌、魚露、醬油、乾香菇、馬鈴薯、昆布等富含麩胺酸鹽的基本鮮味，與綠蘆筍、乾香菇、龍蝦、干貝、蝦子、豬肉、雞肉、鯖魚、蠔菇、完熟番茄、柴魚等核甘酸的協同鮮味，加乘而成的鹹鮮味。在麩氨酸占蛋白質比例一六・一%的雞肉上，反覆淋上鹽巴與調味料留煮土雞的湯汁，形成的鹽水土雞，便是此味型之代表。

・沙茶味型

沙茶炒牛肉是臺灣各大熱炒店少不了的一道菜，這就是臺菜第十味型沙茶味。沙茶雖然是臺灣光復之後，先後由來臺管理糖廠的潮汕人，及國共內戰遷臺的官兵從家鄉帶來，並運用於各式烹調之中的調味料，但早已融入臺灣各式烹調之中，就連沙茶牛肉火鍋都與原鄉潮汕的作法大不相同。

・本味型

臺灣菜常被各國來的觀光客批評非常清淡，就連追求食材本味的日本人也不例外，反倒是許多人吃日本拉麵或喝日本湯品會覺得鹹。第十一味型的本味，就是臺菜中有一種味型，是只加少許鹽水煮或煎，頂多再蘸些醬油膏，連高湯都沒有，卻很受歡迎，便是第十一味型的本味。不過，就算沒有高湯或太多調味料，本味卻以食材來調味，像是雞本身的鮮味，與蔭鳳梨的甘味或苦瓜本味交互融合、清淡卻滋味豐富的鳳梨苦瓜雞湯；以菜脯的鹹甘香來調味雞蛋的菜脯蛋；以及用蛤蜊的鮮融合絲瓜清甜味的蛤蜊絲瓜等。

・麻油薑味型

臺灣的冬天若是寒流來襲，街頭巷尾總能聞到麻油雞的味道，而這就是第十二味型的麻油薑味。冬天是芝麻的採收季，採收下來的芝麻經過日晒、榨汁成為麻油；而每年夏初開始收成的嫩薑，若讓它在地底持續生長，會慢慢長大粗壯，約略在十月至十二月之間成為老薑，因此無論麻油或老薑，都是冬天的當季食材，與雞肉或腰子同鍋共煮，便成了冬天的溫暖臺味。

雲林北港是最著名的麻油產地，因為臺灣開始普遍種植芝麻，即在北港。一六二一年（明代天啟元年），顏思齊、鄭芝龍登陸當時名為笨港的北港，設立十寨拓荒開墾，由於墾民必須由笨港登陸，才能再往內開墾，許多日用品、農具，甚至牛隻及車輛等，都必須在此採購，而內陸的農產品及原住民的鹿皮也都在此交

麻油和老薑都是冬天的當季食材，與雞肉或腰子同鍋共煮，便成了冬天的溫暖臺味。

易，街市因而日益繁榮，成為當時臺灣中南部的對外門戶。《諸羅縣志》卷二〈規制志〉街市篇裡有相關記載：「笨港街，商賈輳集，臺灣近海市鎮，此為最大。」

笨港是當時僅次於府城臺南的大都會，墾民即將自家鄉帶來的落花生、芝麻種子播種栽培，由於氣候及土壤十分適宜此兩種農產品生長，就此在臺灣落地生根。由於當時臺灣普遍種植油脂作物，因此麻油成了臺灣移民最早的烹調植物油，一直到日本據臺後的一九一五年，芝麻的產量都還高於花生。因此如果說**「油蔥酥、臺味魂」的話，那麼麻油就是臺菜最古老的底味。**

本書參考資料及圖片來源
請掃描 QR Code

更多精彩說明請掃描 QR Code

國家圖書館出版品預行編目（CIP）資料

餐桌上的臺灣史：歷經荷蘭、明清、日據到民國，是什麼形塑了臺灣味？你最熟悉的臺菜，「道地」跟你想的不一樣。／鞭神老師（李廼澔）著．-- 初版．-- 臺北市：任性出版有限公司，2024.07
320 面；14.8×21 公分 --（issue；65）
ISBN 978-626-7182-88-8（平裝）

1. CST：飲食風俗　2. CST：歷史　3. CST：臺灣

538.7833　　113006057

issue 065

餐桌上的臺灣史

歷經荷蘭、明清、日據到民國，是什麼形塑了臺灣味？你最熟悉的臺菜，「道地」跟你想的不一樣。

作　　者／鞭神老師（李廼澔）
責任編輯／宋方儀
校對編輯／黃凱琪
副總編輯／顏惠君
總 編 輯／吳依瑋
發 行 人／徐仲秋
會 計 部｜主辦會計／許鳳雪、助理／李秀娟
版 權 部｜經理／郝麗珍、主任／劉宗德
行銷業務部｜業務經理／留婉茹、行銷經理／徐千晴、專員／馬絮盈、助理／連玉
行銷、業務與網路書店總監／林裕安
總 經 理／陳絜吾

出 版 者／任性出版有限公司
營運統籌／大是文化有限公司
臺北市 100 衡陽路 7 號 8 樓
編輯部電話：（02）23757911
購書相關資訊請洽：（02）23757911 分機 122
24 小時讀者服務傳真：（02）23756999
讀者服務 E-mail：dscsms28@gmail.com
郵政劃撥帳號：19983366　戶名：大是文化有限公司

法律顧問／永然聯合法律事務所
香港發行／豐達出版發行有限公司 Rich Publishing & Distribution Ltd
香港柴灣永泰道 70 號柴灣工業城第 2 期 1805 室
Unit 1805, Ph. 2, Chai Wan Ind City, 70 Wing Tai Rd, Chai Wan, Hong Kong
Tel：2172-6513　Fax：2172-4355　E-mail：cary@subseasy.com.hk

封面設計／林雯瑛
內頁排版／吳禹安
印　　刷／鴻霖印刷傳媒股份有限公司

出版日期／ 2024 年 7 月初版
定　　價／新臺幣 420 元（缺頁或裝訂錯誤的書，請寄回更換）
I S B N ／ 978-626-7182-88-8
電子書 ISBN ／ 9786267182901（PDF）
9786267182895（EPUB）

Printed in Taiwan